Direito do Trabalho e Realidade

Valor e Democracia

D199 Direito do trabalho e realidade: valor e democracia / Antônio Fernando Guimarães ... [et al.]; coord. Cláudio Scandolara. — Porto Alegre: Livraria do Advogado, 2000.
174 p.; 14x21cm. – (Reflexões pontuais: geral; 1)
ISBN 85-7348-160-9

1. Direito do trabalho. 2. Valor: Direito. 3. Democracia. I. Guimarães, Antônio Fernando. II. Scandolara, Cláudio.

CDU 34
349.2

Índices para catálogo sistemático:
Direito do trabalho
Valor: Direito
Democracia

(Bibliotecaria responsável: Marta Roberto, CRB-10/652)

REFLEXÕES PONTUAIS
Geral - 1

Cláudio Scandolara
Coordenador

DIREITO DO TRABALHO E REALIDADE

Antônio Fernando Guimarães
Francisco Rossal de Araújo
José Fernando Ehlers de Moura
Luis Alberto de Vargas
Marcus Moura Ferreira
Mônica Sette Lopes
Paulo Emílio Ribeiro de Vilhena
Paulo André Cordovil
Ricardo Carvalho Fraga
Colaboradores

VALOR E DEMOCRACIA

livraria
DO ADVOGADO
editora

Porto Alegre 2000

© Antônio Fernando Guimarães, Francisco Rossal de Araújo,
José Fernando Ehlers de Moura, Luis Alberto de Vargas,
Marcus Moura Ferreira, Mônica Sette Lopes,
Paulo Emílio Ribeiro de Vilhena, Paulo André Cordovil,
Ricardo Carvalho Fraga e Cláudio Scandolara (coord.), 2000

Capa, projeto gráfico e diagramação
Livraria do Advogado Editora

Revisão
Rosane Marques Borba

Direitos desta edição reservados por
Livraria do Advogado Ltda.
Rua Riachuelo, 1338
90010-273 Porto Alegre RS
fone/fax: 0800-51-7522
E-mail: info@doadvogado.com.br
Internet: www.doadvogado.com.br

Impresso no Brasil / Printed in Brazil

Sumário

Aprensetação 7

CLÁUDIO SCANDOLARA (coordenador) 9
1. O direito ao trabalho e à dignidade do homem 11
2. O justo salário 17
3. Flexibilização ou desregulamentação. Quem a quer? ... 20
4. Globalização. Solução ou entrave? 22
5. Privatizações. Atenção! 26
6. Neoliberalismo ou ditadura econômica? 29
7. A crise e a esperança 32
8. Erosão da democracia 35
9. Nós, do ser ao participar 38
10. Cooperativismo é a solução. Um por todos e todos por um 40
11. O ensino do cooperativismo 43
12. A fé e o poder 48
13. O calote dos precatórios 50

FRANCISCO ROSSAL DE ARAÚJO 55
14. A boa-fé no término do contrato de emprego: o pagamento das verbas rescisórias (resilitórias) 57
15. Os pressupostos da Democracia na obra de Hans Kelsen . 77

JOSÉ FERNANDO EHLERS DE MOURA 101
16. Sucessão de empregadores 103

ANTÔNIO FERNANDO GUIMARÃES
MARCUS MOURA FERREIRA
MÔNICA SETTE LOPES 113
17. O Juiz e a Instituição 115

PAULO EMÍLIO RIBEIRO DE VILHENA 129
  18. Valor: realidade, ficção ou projeção da realidade 131

PAULO ANDRÉ DE FRANÇA CORDOVIL 153
  19. Personalidade jurídica do empregador 155

RICARDO CARVALHO FRAGA
LUIS ALBERTO DE VARGAS 161
  20. Certas leis - suspensão do contrato 163
  21. Falência lá, reivindicações aqui 165
  22. Fatos e jurisprudência 168

Apresentação

Busca-se, através da presente obra, a impulsão de idéias e pensamentos, os mais variados possíveis, aqui designados por REFLEXÕES PONTUAIS, na qual a liberdade de expressão de cada colaborador é respeitada e de sua exclusiva responsabilidade.

Almeja-se a conquista de espaço. Num primeiro momento, com temas gerais, o que acontecerá sempre que possível, e, num segundo momento, com temas técnicos específicos, sempre tratados por vários colaboradores.

O objetivo é de que esta obra frutifique e perdure, tendo tiragens semestrais e, com este lançamento, atinge-se a primeira meta.

Já está em andamento o segundo volume, que tratará da Terminação do Contrato de Trabalho, no qual o exame dos temas será de amplo espectro, e o lançamento ocorrerá até meados do ano 2001.

Os interessados em participar como colaboradores de futuras obras podem contatar com a coordenação através de:

Cláudio Scandolara

fone (0.xx.51) 223-8613
Porto Alegre RS
E-mail: clauscan@myway.com.br

CLÁUDIO SCANDOLARA

Juiz do Trabalho Substituto da 10ª JCJ de Porto Alegre - RS.
Especializando em Direito Processual Civil pala PUC-RS e
Especialista em Direito Tributário pelo IARGS

1. O direito ao trabalho e à dignidade do homem

O homem, diante das dificuldades de viver só, busca aproximar-se de seu semelhante e viver em comunidade. A pluralidade de esforços e a busca do bem comum, de forma igualitária e solidária, tornam menos penosas e mais fraternais as agruras, descompassos e sofrimentos dos mais necessitados.

No seu tratado sobre o governo dos Príncipes, S. Thomas lembra que *"o homem é obrigado a viver em sociedade por causa da sua extrema grandeza e da sua extrema miséria. O poder da sua inteligência e a habilidade das suas mãos fornecem-lhe o meio de realizar maravilhas; mas os recursos de ordem técnica e de ordem intelectual nele existem só no estado de germens ... para que façam os seus recursos saírem do estado de germens e desabrocharem em realidades, os homens têm necessidade absoluta de auxílio recíproco."*

É de vital importância neste contexto que o homem possa trabalhar e de seu esforço retirar o sustento para si e sua família, objetivando as mínimas condições de dignidade. Sob uma ótica social que possibilite a ele viver dignamente, o "direito ao trabalho" tem relevante significado, pois propicia a cada um e a todos iguais possibilidades de oferecer aos seus o mínimo indispensável para bem viver.

Ao longo do tempo, essa finalidade tem sido objeto de especial atenção dos estudiosos e daqueles que querem um mundo mais justo e fraterno.

Dentro da visão Cristã, Puebla 184, tratando da dignidade do homem, diz que *"o homem só se realiza, se conviver com seus irmãos em verdadeira comunhão fraterna para, juntos, desenvolverem uma atuação que chegue a transformar o mundo. Assim, a terra devia ser para o homem um lar de felicidade e não um campo de batalha, onde reinam a violência, o ódio, a exploração e a escravidão."* Relendo a obra de Jayme Altavila - "Origem dos Direitos dos Povos", encontramos que, no Livro do Deuteronômio (que mostra a consolidação das antigas leis, passadas pelo crivo da experiência de Moisés, que delas extraiu aquilo que lhe pareceu mais adaptável, acrescentando-lhe normas mais positivas e concepções mais estatais) e em um dos cinco que compõem o Pentateuco (um dos códigos fundamentais da humanidade), já havia a preocupação de proteger o trabalhador com o descanso semanal, como conseqüência, porque precedido do direito ao trabalho.

A Declaração Universal dos Direitos do Homem, aprovada em Paris, em 10 de dezembro de 1948, para a qual também colaboraram os brasileiros, através das sugestões objetivas e justas do jurista Levi Carneiro, apresenta um expositivo jurídico e um amplo caráter vibratório constituindo-se, seguramente, na página mais brilhante do pensamento jurídico da humanidade.

Sem dúvida, encontramos na referida Declaração o firme propósito de melhoria moral, política, religiosa, cultural e material da sociedade humana, com conceitos que confirmam a legitimidade de cada matéria.

O prof. Vicente Rao considera a Declaração *"O ato de caráter internacional que constitui, ao mesmo tempo, o mais importante documento contemporâneo de sentido social e político e a súmula mais perfeita dos direitos e deveres fundamentais do homem, sob os aspectos individual, social e universal."* (Vicente Rao - O Direito e a Vida dos Direitos)

O artigo 23 do mesmo texto salienta que: *"Todo homem tem direito ao trabalho, à livre escolha de emprego, a condições justas e favoráveis de trabalho e à proteção contra o desemprego."*

Buscando desenvolver o tema, embora de forma perfunctória, encontramos nas Constituições Brasileiras previsão legal que vai ao encontro da matéria em exame. Já na *Constituição de 1934*, ficou garantido o "direito ao trabalho" (art.113, nº 34). Na *Constituição de 1937*, além do "direito ao trabalho", o próprio trabalho ficou reconhecido como "dever social". A *Constituição de 1946* assegurou, pelo art. 145, que *"a ordem econômica deve ser organizada conforme os princípios da justiça social, conciliando a liberdade de iniciativa com a valorização do trabalho humano. Parágrafo único. A todos é assegurado trabalho que possibilite existência digna. O trabalho é obrigação social.* Na *Constituição de 1967*, o legislador preocupou-se, no capítulo que trata da ordem econômica e social, através do artigo 160, em garantir a *"valorização do trabalho como condição da dignidade humana"* e *"expansão das oportunidades de emprego produtivo"*, complementando e assegurando pelo artigo 165, aos trabalhadores, direitos sociais mínimos, que visam à melhoria de suas condições vitais. Em 1988, pela *Constituição cidadã*, o capítulo II, que trata dos direitos sociais, estampou no artigo 6º que *"são direitos sociais a educação, a saúde, o TRABALHO, o lazer, a segurança, a previdência social, a proteção à maternidade e à infância, a assistência aos desamparados, na forma desta constituição."*

Daí depreende-se que o trabalho é um direito/dever do homem brasileiro, que deveria encontrar, em contrapartida, alguém com obrigação de propiciar ocasião de trabalho.

Manoel Gonçalves Ferreira Filho, em seus comentários à Constituição Brasileira de 1988, salienta que *"Não se confunde o direito ao trabalho com os direitos do trabalhador. O direito ao trabalho é o de encontrar atividade produtiva remunerada. O de não ficar desempregado, portanto, sem meios de ganhar licitamente a vida ... O direito ao trabalho é resposta à gravíssima questão social do desemprego."*

Os principais jornais brasileiros noticiaram na primeira quinzena de julho/98, que o desemprego atingiu o pior nível da história do Brasil, com índices de pequena variação entre os pesquisadores, que beiram 20% da mão-de-obra disponível no mercado. Em contrapartida, anunciaram que a inflação foi a mais baixa dos últimos cinqüenta anos.

Por certo na política governamental do país, deve ser levado em conta o crescimento econômico, com amparo à infra-estrutura produtiva e com os olhos voltados ao setor privado. Devem ser impulsionados o desenvolvimento e a busca de um modelo industrial moderno, com adoção de uma estratégia tributária que privilegie o setor mais produtivo na pirâmide inversa de alíquota. O setor primário merece especial relevo e atenção, uma vez que deveria propiciar e incentivar condições materiais adequadas ao crescimento da produção.

Portanto, em nome da extinção da condenável espiral inflacionária, não deve o trabalhador arcar com a falta de emprego que lhe é imposta e nem deve ser culpado pela perversa recessão.

O modelo político implantado, liberal ou de Estado Mínimo, não pode fazer o Estado sumir, por caracterizar-se pela neutralidade na cena social ou por ser subserviente aos interesses de alguns privilegiados.

O Estado não pode ser mero espectador dos abusos e iniqüidades cometidas contra o trabalhador; mas, ao contrário, deve posicionar-se como partícipe na criação de condições materiais adequadas que dotem os brasileiros de possibilidades mínimas de bem viver e, também, oferecer solução aos conflitos resultantes das relações de trabalho. Aqui, aparece o principal dever do Estado, *dar aos brasileiros trabalho,* cujo direito lhes é assegurado constitucionalmente.

Se o pensamento da classe política não voltar seus olhos e ações para a solução e erradicação desse terrível mal, muito adequado e moderno ficará o pensamento de Alberto Pasqualini, apesar de escrito há quase cinqüenta anos: *"Na política, estamos ainda muito longe de estabelecer uma adequação racional de meios e fins. Nela ainda imperam o curandeirismo e o charlatanismo, com tanto maior intensidade e êxito aparente quanto maior o grau de incultura de um povo ... Existe, hoje, por assim dizer, uma situação conflitual entre política social, como ciência e como arte, e a pseudopolítica social, que é um expediente demagógico para embair, para iludir a opinião pública, em proveito de pessoas ou de grupos."*

Na revista Veja, editada em 15 de abril de 1998, nas páginas amarelas, o Ministro do Trabalho estranha que o desemprego seja preocupação nacional e diz: *"O desemprego estrutural, fruto da modernidade da indústria, vai durar de cinco a dez anos."* Então, dentro dessa "maravilhosa" premissa, o que podem esperar os brasileiros? O "direito ao trabalho" sucumbe frente a um modelo político internacionalmente já superado, e a Constituição fica pisoteada e caída aos pés da globalização (ou seria melhor dizer, colonização e espoliação dos países pobres), das reformas constitucionais oportunistas e eleitoreiras, enquanto o povo experimenta o acre sabor da fome, da ausência de segurança, do alto custo do ensino, da morte por falta de sistema público de saúde, das minguadas aposentadorias causadas por engodos no sistema previdenciário. Continuando nessa senda de incertezas, o certo é que prevalecerá o desemprego, um grave problema a que está submetido o trabalhador brasileiro.

O desemprego, que atualmente atinge o Brasil com violência, gera explosões de descontentamento e aumenta a massa dos menos favorecidos. Faz fulgurar as desigualdades e injustiças sociais e coloca nosso país no cenário internacional à custa dos altos índices de criminalidade, dos milhões de miseráveis, dos carentes e subnutridos.

Somos iludidos com festas populares, doações de cestas-básicas, socorro nas calamidades, seguro-desemprego, enquanto, ao largo, passam e se perpetuam esses graves problemas, sem que se vislumbre a boa vontade política em solucioná-los.

Por isso mesmo, o governo não deveria servir para a concessão de esmolas. Antes disso deveria ser o veículo e a mola propulsora da geração de empregos, garantindo aos brasileiros o mínimo indispensável para uma vida digna. Dessa forma, ofereceria resposta aos anseios de todos quantos quisessem ser produtivos e que de pequenos favores não necessitam. E assim agindo, estaria cumprindo o dever constitucional de oferecer oportunidades de trabalho. Caso contrário, bem, caso contrário, os governantes não estarão cumprindo o dever de realizar a *justiça distributiva* que preside as relações entre os detentores da autoridade e seus governados.

Dessa forma, os governantes devem conscientizar-se de que, o bem comum só será alcançado se forem cumpridas as leis, pois, como escreveu Jean Lahor, *"atos fragorosos e de repercussão nada valem em comparação ao silêncio de uma alma que cumpre simplesmente o seu dever."*

2. O justo salário

"É MEDIANTE O TRABALHO que o homem deve procurar o pão cotidiano e contribuir para o progresso contínuo das ciências e da técnica, e sobretudo para a incessante elevação cultural e moral da sociedade, na qual vive em comunidade com os próprios irmãos. E com a palavra trabalho é indicada toda a atividade realizada pelo mesmo homem, tanto manual como intelectual, independentemente das suas características e das circunstâncias, quer dizer toda a atividade humana que se pode e deve reconhecer como trabalho, no meio de toda aquela riqueza de atividades para as quais o homem tem capacidade e está predisposto pela própria natureza, em virtude da sua humanidade. (...) O trabalho é uma das características que distingue o homem do resto das criaturas, cuja atividade, relacionada com a manutenção da própria vida, não se pode chamar trabalho; somente o homem tem capacidade para o trabalho e somente o homem o realiza preenchendo ao mesmo tempo com ele a sua existência sobre a terra. Assim, o trabalho comporta em si uma marca particular do homem e da humanidade, a marca de uma pessoa que opera numa comunidade de pessoas; e uma tal marca determina a qualificação interior do mesmo trabalho e, em certo sentido, constitui a sua própria natureza" (Carta Encíclica de João Paulo II sobre *o trabalho humano*, páginas 5-6).

"In. Do latim. Prefixo que significa negação, privação." "Justo-. Do latim *justu*. Adjetivo. Conforme à justiça, à equidade, à razão. Legítimo, fundado. Que se ajusta ou adapta perfeitamente." Dicionário Aurélio Buarque de Holanda.

Justo e injusto são extremos que não se atraem, antes se repelem. São dois juízos de valor com grandezas que podem ser analisadas, porque as situações e carências sociais estão, dia a dia, em contato com todos

aqueles que, através do trabalho, procuram tirar os ganhos necessários para *"atender às suas necessidades vitais básicas e às de sua família, como moradia, alimentação, educação, saúde, lazer, vestuário, higiene, transporte e previdência social (Constituição Federal, art.6º,IV)."*
As notícias do final de semana (de 26.07.98), quanto ao salário, não foram alvissareiras, e diziam que os níveis salariais não deveriam mudar.

Os empregadores alegam que o trabalhador custa caro, com encargos na razão de 102,06% e isso inviabiliza a manutenção de empregos, a criação de novos ou o pagamento de melhores salários e apontam como solução a flexibilização da legislação.

A análise está imperfeita e inadequada, porque coloca sobre o salário do empregado encargos que são indiretos e deveriam ser desvinculados da relação capital/trabalho, e que implicam recolhimentos aos cofres públicos ou entidades privadas e tratam salário como encargos.

O salário mínimo, valores médios superiores ou importâncias aparentemente elevadas de remuneração, dependendo do trabalho, grau de responsabilidade, dever de representação ou atividades-fim do Estado, não atendem às necessidades vitais básicas do trabalhador brasileiro. *Essa pobre figura não pode continuar a ser o "vilão" da história ou o ator que desfila no palco iluminado com o rótulo de "causador da inflação", com seus "altos" e, no entanto, insuficientes salários.*

A justa remuneração deve refletir a concretude de justiça do sistema socioeconômico, possibilitar a transformação de estruturas e viabilizar as condições de uso e aquisição de bens. Que todos tenham moradia, boa alimentação, educação, saúde, lazer, vestuário, higiene, transporte e previdência social, como garante a Constituição do país.

A realidade não é esta: todos nós a conhecemos, porque a vivenciamos.

Será que a situação é apenas porque o prefixo (in) foi colocado diante do adjetivo (justo)? Não. A análise comporta melhor e mais profundo exame. Mas de certo temos que, estando o prefixo colocado na frente do adjetivo, se pratica hoje no Brasil um *INJUSTO SALÁRIO*, que é ilegítimo, que não se ajusta, não se adapta às necessidades, e o que é mais desumano, nega ao trabalhador e priva-o de ter para si e dar para sua família o mínimo indispensável.

3. Flexibilização ou desregulamentação. Quem a quer?

Não é possível confundir flexibilização da legislação trabalhista com sua desregulamentação. Embora muitos tenham usado as duas formas como sinônimos, em verdade, não o são. A exegese e o objetivo/fim, pretendidos por parte de empresários e de gestores políticos, deve abordar campos de diferentes prospecções, quanto à gênese e à natureza de ambas as figuras colocadas em estudo, sempre tendo, como pano de fundo, as relações entre patrões e empregados e a intervenção legislativa Estatal na preservação de garantias mínimas ao hipossuficiente, ou as formas de preservação do homem, como ser integrante da sociedade e componente da Nação, bem como as condições de vida digna que compete ao Estado lhe dar.

O Poder Político usa, artificialmente, o trabalhador e a falácia do alto custo da mão-de-obra como elementos prejudiciais ao desenvolvimento e como entraves ao crescimento econômico do país, bem como os "altos mas ao mesmo tempo insuficientes salários" como causadores da inflação. Não se vislumbra, todavia, um real interesse político ou boa vontade no desenvolvimento de um sistema tributário que possibilite desenvolvimento da indústria, crescimento e competitividade do comércio e incentivo aos que se dedicam à produção primária. Ao contrário, a voracidade tributária como forma de arrecadação é privilegiada sem, no entanto, pensar-se em crescimento de produção ou geração de empregos, através de diminuição de alíquotas ou de abertura de mercado vigiado.

A flexibilização da legislação trabalhista, que deve ser entendida apenas como elasticidade, maleabilidade, simplicidade, facilidade de ritos procedimentais nas relações entre empregado e empregador, quer de forma individual ou coletiva, através de sindicatos representativos, quer tornando possível a aceitação de atos jurídicos praticados por entes que detêm capacidade e que não sejam prejudiciais ao produtor de riquezas (empregado), vem sendo mostrada de forma sofisticada e enganosa, como solução única e definitiva para a grave situação hoje existente no país.

Por outro lado, a desregulamentação que implica ação contrária à regulamentação, negação e privação de regras, quer retirar por completo a possibilidade de intervenção Estatal na relação jurídica que possa existir entre o empregado e seu patrão. Não é boa a nenhuma das partes componentes desse binômio, uma vez que ela significa total liberdade de contratação e ausência de legislação sobre determinadas situações que envolvem as relações jurídicas pelas quais o Estado tem obrigação de zelar, porquanto atraiu a si o dever de prestar jurisdição e de preservar o eqüitativo tratamento, mantendo igualdade, ao menos jurídica, ao seu bom desenvolvimento.

A solução dos problemas econômicos não passa pela flexibilização ou pela desregulamentação da legislação trabalhista.

É possível e salutar que se estude a modernização de procedimentos, uma vez que a ausência de normas regradoras das relações entre capital/trabalho não serve ao Brasil, aos trabalhadores e nem aos empresários.

A quem servirá então? Busque cada um sua própria resposta.

4. Globalização.
Solução ou entrave?

Quando se busca atingir um objetivo, devem ser traçadas metas para criar facilidades no caminho a ser percorrido. O resultado final depende do controle do pensamento e da ação, como lei de causa e efeito. É possível, pois, a partir da modelagem de determinada situação, criar aceitação ou entorpecimento de discernimento sobre determinado fato.

Por exemplo: o mentiroso contumaz tanto mente que se convence da própria mentira, e aquela inverdade passa, para ele, a ser uma verdade. De forma consciente ou inconsciente, criou e modelou o irreal que se sobrepõe ao real.

Outro mecanismo para criar situações favoráveis e convencimento generalizado através da associação de pensamentos, idéias, sentimentos ou estados específicos é a técnica da ancoragem através de estímulo do inconsciente. Nesse caso, o homem que vive num mundo de estímulo/reação passa a pensar, a sentir, a aceitar, a acreditar e a ter reações programadas.

No momento, a palavra-chave, solução dos problemas e salvação da humanidade, é *"globalização"*.

Sim, a modelagem foi forjada, e a âncora lançada, tentando levar os brasileiros à aceitação de que essa é a única saída para os problemas econômicos e a solução mágica que resolverá as questões sociais existentes.

A fome deixará de existir. O sistema de saúde será perfeito. Todos terão habitação e aposentadorias justas. Lazer. Enfim, a globalização acabará com as desigualdades entre os homens, e todos viverão num mundo de fraternidade e de paz. Ledo engano. A globalização não passa de mera forma de espoliação dos pobres e de retorno ao estado feudal.

Ficam as nações emergentes subjugadas ao poder econômico das desenvolvidas e dominadoras e dos grandes conglomeradorados transnacionais, que buscam o lucro sobre o capital, através das flutuações financeiras que não são aplicadas em produção de riqueza pelo trabalho do homem.

O dinheiro migratório, ou "formiga", passa de um lado ao outro do continente em busca de lucro, apenas isto.

Não existe investimento desse dinheiro especulativo no país de onde o lucro é retirado. As jogadas nas bolsas de valores são o exemplo vivo da "globalização salvadora."

Certamente o capital que está servindo para especulação em um país migrará a outro e, assim, sucessivamente. E a salvação onde está? No Brasil não está. Na Rússia, também não. Nem na Argentina. Também não está nos países asiáticos. O resultado financeiro está no bolso de alguns incautos que não pararam para pensar que, sozinho, ninguém vive e, seguindo o presente raciocínio, esses espertos investidores um dia não terão com quem conversar, e a riqueza, amealhada à custa de sofrimento, dor e morte dos mais fracos, de nada lhes aprouverá.

Sem vergonha de mudar de idéia, pois vergonha é não ter idéias para mudar, ainda é tempo de repensar o modelo lançado. Retrair a modelagem e mudar a ancoragem, para que o povo possa usufruir do que lhe alcançado e a ele retribuir, prevalecendo um sistema de ação e reação com frenagem, mas que viabilize a todos bem viver e ter a esperança de um mundo melhor, mais justo e mais fraterno aos que lhes seguirão.

Recentemente (maio/99), esteve no Rio Grande do Sul o professor de sociologia e economia política da Universidade de Nova Iorque, James Petras, participando da conferência "Globalização e Neoliberalismo: mito e realidade, na Faculdade de Direito da Universidade Federal do RS, e o renomado sociólogo afirmou: "...a globalização não existe... o que existe é o império euro-norte americano."

O sociólogo diz que o conceito de globalização "de igualdade de participação para todos serem interdependentes e circularem com seus capitais" não acontece.

Segundo o pensador, em suas observações, "os produtos e capital que circulam pelo mundo têm origem nos Estados Unidos ou na Europa. - Neste caso, não tem sentido falar de globalização, mas de império de uns poucos-."

Seus dados estatísticos revelam que, das 500 grandes empresas mundiais, 246 são dos Estados Unidos e outras 173 são européias. Ainda, lança questionamentos do domínio sobre a tecnologia e a informática, concluindo: "os detentores do poder sobre a aplicação e uso dessas tecnologias devem ser melhor monitorados."

Indo mais além, refletindo sobre os efeitos da política neoliberal no Brasil, estudo que realiza por uma década e que já foi por ele analisado nos Estados Unidos, o professor, diz: "...quando o neoliberalismo é aplicado no Primeiro Mundo há um controle das cotas e limitações em relação às importações. O mercado só é aberto quando tem o poder de concorrência."

Refletindo sobre as claras idéias do sociólogo, chega-se à constatação de que estamos diante da falácia do modelo político e do engodo da globalização, onde as ricas nações poderão ficar com todo o dinheiro do mundo, mas infelizes e solitárias sobre a terra.

Então, concluirão que a modelagem criada e a ancoragem obtida com apoio de alguns veículos de comunicação fracassaram.

5. Privatizações. Atenção!

As privatizações que estão acontecendo em nosso país merecem ser alvo da preocupação de todos.
Não é possível entender a razão da venda de empresas públicas rentáveis, porque o fruto por elas gerado deveria reverter em benefício do povo, uma vez que sócio do empreendimento.
Também não é aceitável que o Estado, em nome da dívida interna e externa, se desfaça de empresas que detinham o controle energético, mineral e hidrotermo elétrico, de comunicação, de transporte ferroviário e, agora, até do petróleo, como já noticiam os meios de comunicação.
Isso é perda de soberania e entreguismo.
O resultado financeiro dessas "vendas" são meros simbolismos, sem que os verdadeiros donos das empresas - o povo - sintam seus benefícios.
Certamente, ficarão os brasileiros à mercê do controle de outras nações que, aos poucos, vão tomando conta do bom e promissor filão do qual tirarão muitas riquezas. Pagará o povo, mais uma vez.
Isso tudo acontece sem que ele tenha sido ao menos consultado. Sua vontade, seu desejo, sequer foi objeto de pesquisa.
Será que os brasileiros, os donos das empresas, queriam delas se desfazer?
Será que o povo não merecia ser questionado sobre essas vendas?

Será que os governantes têm o poder discricionário e estão legitimados para praticar tais atos?

Subjaz e fica clara, dentro desse contexto, uma agressão individual a cada cidadão brasileiro e, nesse particular, deve ser excluído o direito objetivo, como tal compreendido pelos princípios jurídicos manipulados pelo Estado, porque, mesmo que possa existir um ordenamento legal autorizando a prática das privatizações, muito mais importante é a atuação concreta da norma jurídica em abstrato, de que resulta uma faculdade específica para cada uma das pessoas que compõem a sociedade brasileira.

Se cabe a cada um defender sua propriedade, que o direito reconhece como dono, a cada um individualmente cabe o direito de dizer se dela quer se desfazer.

Esse é um direito subjetivo e inalienável, e a luta por ele é um dever do titular para consigo mesmo. *A defesa da própria existência é a lei suprema de toda vida: manifesta-se em todas as criaturas através do instinto de autoconservação. No homem, porém, trata-se não apenas da vida física, mas também da existência moral; e uma das condições desta é a defesa do direito. No direito o homem encontra e defende suas condições de subsistência moral; sem o direito regride a condição animalesca ... Portanto, a defesa do direito é um dever de autoconservação moral, o abandono total do mesmo, hoje impossível, mas que já foi admitido, representa o suícidio moral."* (Rudolf von Ihering, *A luta pelo Direito*).

Se o cidadão se sente agredido com a venda de determinada propriedade do Estado, sua pessoa fica atingida como membro constitutivo da nação, e sua existência sofre o impacto de uma agressão moral. É lamentável que, na maioria das vezes, mesmo sentindo-se agredido, o indivíduo passe a ser omisso diante dessa realidade.

Sem consulta ao povo quanto à questão das privatizações, os atos praticados em nome do Estado são moralmente inaceitáveis, e questionável é sua legalidade, uma vez que não há mandato para isso. A vontade de alguns não pode prevalecer sobre a da maioria, já que essa não a pôde externar.

O direito subjetivo de cada cidadão brasileiro está sendo agredido. Atenção!

6. Neoliberalismo ou ditadura econômica?

"A Liberdade deve ser entendida como a ausência de constrangimentos". (*immunitas a coactione*).

"A coação pode depender de diversas causas e faz gerar a distinção entre vários tipos de liberdade." Para entender melhor essa afirmação, é importante que se considerem duas premissas: o conceito de *sistema, como visão subjacente ao homem e à sociedade e como organização vivencial, e o de modelo, como organização dos diversos elementos de um conjunto ou dos subsistemas de um sistema.*

Observando esses dois aspectos, o neoliberalismo aparece com um sistema integrado por vários subsistemas: político, social, econômico e cultural, cujo modelo, com uma natureza mais operacional, tenta organizá-lo.

Esse *"neo" que pretende se impor como um novo sistema, em verdade, é um quadro que conservou a mesma moldura e a mesma pintura do antigo liberalismo, apenas distribuindo pinceladas de nova tinta sobre a tela, diante da confusão entre "liberdade" e "livre arbítrio" em que este último atua apenas como uma faculdade do ser livre.*

O "livre arbítrio" deveria ser o meio para se viver a liberdade, mas, quando mal empregado, torna-se escravagista. Assim, o processo socioeconômico fica à margem da sociedade, pois garante apenas a execução dos contratos e só intervém na realização dos serviços indispensáveis, por não serem lucrativos.

Na verdade, esse modelo está propiciando a exploração dos fracos pelos fortes, já que uns são economicamente dependentes dos outros, e proporcionando uma insolente espoliação dos humildes.

A garantia da execução dos contratos de trabalho não é artigo de primeira necessidade para o modelo, por isso o trabalhador fica à mercê de salários indignos.

A existência de sindicatos ou de associações não serve ao Estado, sob o falso manto de que esses geram alienação parcial da liberdade.

Com uma tal forma de pensar, o Estado esbanja iniqüidade social e se afasta das relações de trabalho, deixando que as regras do jogo sejam impostas por negociações pretensamente livres e falsas flexibilizações.

O que temos, então, são grandes conglomerados econômicos internacionais sufocando a iniciativa e possibilidade de crescimento das pequenas empresas nacionais, fazendo-as sumir diante do descomunal confronto a que são submetidas ou, então, fazendo-as tornarem-se meras coadjuvantes na produção, e obrigadas a aceitar as regras que lhe são impostas.

Dessa forma, pode-se perceber a submissão econômica do Estado a modelos pré-concebidos, que o subjugam, retiram-lhe a dignidade e agridem a Soberania Nacional. Enquanto isso, internamente, o povo fica coagido a aceitar altas taxas de juros praticadas pelos organismos financeiros.

Considerando essas questões, observa-se a concentração de riqueza restrita e o acúmulo de poder, que, por excessivo, torna-se despótico.

A livre concorrência é falsa, e a liberdade de mercado, apenas aparente.

A economia, então, torna-se dura e cruel, aviltando o Estado que, por sua vez, desfaz-se de boas empresas públicas e privatiza serviços essenciais.

O investimento externo, por certo, é feito com o objetivo do lucro, e este não será reaplicado em benefício do país e do povo. Ao contrário, esse lucro será levado para fora do país e servirá de benefício a outros.

7. A Crise e a esperança

"Por maior que seja a crise em nossas vidas, não podemos destruir as flores da esperança, porque então não colheremos os frutos da prosperidade. Assim pensando, não importam as quedas. Levantemo-nos e continuemos na caminhada, conscientes de nossas possibilidades e de nossos limites, sem nos descurarmos de verificar as causas da queda e combatê-la, sempre mantendo a dignidade pessoal e a honra, que devem ser protegidas por cada um de nós em particular."

Enquanto debatem-se moribundas as nações vinculadas ao agiota País Americano(EUA), fruto de artimanhas financeiras pré-concebidas, o Presidente da grande nação, que sofreu ameaça de processo de *impeachment*, sobe seu índice de popularidade de 46%, quando de sua eleição, para 79%, no momento em que sua pessoa tem aparentes ataques.

O Estado Americano, na sua administração, passou de deficitário na balança comercial para superavitário, e a renda média per capita dos habitantes daquele país aumentou em quase US$ 2.000/ano. Melhor não poderia ser. Para eles.

Estouram as bolsas lá, acolá e aqui. Desvaloriza o real e afunda o povo. O tempo do Brasil não é o tempo dos outros países. Caímos na real, e tudo precisa ser repensado. Sobem os preços, e cai o poder aquisitivo, andando mais rasteiro que um réptil. Aumenta o desemprego. Quebram as empresas. Não há reajuste de salário, e somos obrigados a refazer orçamento, comer menos, ter menos saúde, menos educação, menos cultura, me-

nos condição de vida. *De todo esse emaranhado catastrófico em que fomos enfiados, ainda e por pior, a culpa é do Poder Judiciário, na bizarra ótica de alguns políticos e de alguns veículos de comunicação comprometidos.*
Nessa política de mundialização especulativa, somos apenas as "vítimas", mas pagaremos a "pena".
Contraditório.
Primeiro, nos idos de 1982, foi o Chile e, em 1994, o México. Depois foram detonados os países asiáticos, mas não sem antes ser pisoteada a União Soviética.

Pedro Sainz, diretor da Divisão de Estatística e Projeções Econômicas da Comissão Econômica para a América Latina e o Caribe (CEPAL), pensando sobre os problemas Brasileiros, diz que "os custos a curto prazo serão muito altos e o País terá de pagá-los".....*"eu diria que em mais ou menos 10 anos o Brasil começará a ter uma forte expansão produtiva e crescimento econômico".*

A análise do economista em questão está baseada em que voltará o Brasil, a médio prazo, a ter uma política de forte expansão produtiva, para retomar sua capacidade competitiva e crescimento, a exemplo do que aconteceu no Chile e no México, mas terá que incrementar o sistema produtivo, para participar da competição econômica e ter um acréscimo nas exportações industriais.

Nem tudo está perdido, mas teremos longos anos de dificuldades e, mais que nunca, PRECISAMOS SER SÁBIOS, *não com a sabedoria dos poderosos, que apenas se voltam para a destruição, mas a sabedoria da solidariedade e da fraternidade.* Ajuda mútua e muita luta. Precisamos ser o sal da terra e a luz do mundo. Assim como o sal, por menor que seja a porção, se na dose certa, servirá para dar o sabor adequado ao alimento, nós precisamos mostrar que não seremos destruídos pelos poderosos e, mais, precisamos ser a luz que iluminará o caminho daqueles que estão cegos, porque não querem enxergar.

Precisamos manter a esperança em viver melhores dias, e que outros se seguirão para nossos descendentes. Lutar e continuar lutando por este ideal e mantendo a esperança como sonho, *porque o sonho não acaba. O sonho apenas termina para aqueles que desistem de lutar.*

8. Erosão da democracia

"O homem convicto de ser dono da verdade em todos os seus aspectos é o pior inimigo da democracia."

Governo do povo ou governo da maioria pode ser o sentido etimológico da palavra democracia, mas, como fenômeno político, é uma forma de governo e, como tal, deve possuir eficiência para cumprir sua missão econômica e social.

A democracia não pode ser vivida no singular, mas no plural e tem no sectarismo ideológico seu obstáculo e ponto extremo destruidor.

Para a manutenção da forma de governo democrática, não pode ser permitido que o Fundo Monetário Internacional, quando presta ajuda ao país, determine as condições da política econômica a ser desenvolvida, sob pena de limitar a soberania da nação.

Também não é possível que haja ingerência de um dos Poderes da nação em outro, sob pena da prevalência do caos à ordem. Assim pensando, não é possível desvincular Poder e Sociedade como emergentes de um único momento, nascendo ao mesmo tempo, sendo o Poder condição da ordem.

Não existe Estado sem Poder, mas a concentração de Poder deixa a sociedade insegura, temerosa da prevalência da vontade de um só. Temos, pois, vigorante no Brasil, um sistema de partilha de Poder cuja divisão e exercício, com independência, pratica atos com controle de competência. Cada Poder do Estado tem exercício de funções próprias.

O Poder Executivo deve administrar; o Legislativo, legislar, e o Judiciário, julgar. Tendo o Estado atraído a si, exclusivamente, a tutela do direito, para manutenção da ordem jurídica e, em razão de interesse na manutenção do agrupamento humano que o compõe, é fácil concluir que, quando há ingerência de um dos Poderes componentes do Estado em tarefas de competência de outro, ou quando, sob o falso manto da moralidade, tenta um denegrir a imagem de outro ou adentra esfera que não lhe está afeta, existe uma agressão ao sistema democrático e um desmoronamento da ordem jurídica.

O Estado de direito passa a sofrer turbação, e o sistema político da nação começa a se esfacelar. E isso não acontece apenas por situações econômicas. Mais grave é quando ocorre por razões políticas e submissão de governantes a interesses externos.

Nesse caso, estamos diante de um processo evolutivo degenerativo, onde não preponderam o respeito e a competência de cada Poder componente do Estado. Chamo isso de erosão do sistema. Chocam-se os que deveriam ser harmônicos Poderes da nação, e a ordem pode ser superada pelo caos.

Não há dúvida de que o Brasil passa por uma esclerose moral e ética em uma elite dominante. Não há dúvida de que o Poder Judiciário está sofrendo ataques de desmesuradas proporções, para enfraquecê-lo. Não há dúvida de que a *CPI do Judiciário é inconstitucional por agressão ao artigo 58, § 3º, da Constituição Federal*, na medida em que *não foi constituída para apuração de fato determinado*, mas onde até decisões judiciais, no entender de alguns pensadores políticos, devem ser examinadas. Assim como, também, não há dúvida de que algumas mudanças devem ser realizadas no Poder Judiciário e

que, se não o foram, ainda, foi pela inoperância do Poder a quem competia fazê-las.
Mudanças sim, mas atrelamento, não. CPI, sim, mas com vício de inconstitucionalidade, não.
Aceitação do que estamos vendo acontecer é inércia condenável.
A democracia está sofrendo perigoso processo de erosão.
Governo que não é do povo, para o povo e em benefício do povo, não é governo democrático.
Governo que não cumpre sua missão econômica e social não é governo democrático.
O desmantelamento que alguns pretendem impingir ao Poder Judiciário é subtração de tutela ao cidadão, subjugando o povo apenas à vontade de uns poucos mais privilegiados, com uma evidente e clara agressão ao estado democrático de direito e ingerência condenável de um Poder constituído em outro.

9. Nós, do ser ao participar

As associações, de forma geral, trazem em seus estatutos a finalidade de estreitar e fortalecer a união dos seus componentes, pugnando pela defesa de seus interesses relevantes, visando à melhoria de condições de trabalho e de vida de seus membros, promovendo seu aprimoramento cultural, profissional e incentivo ao estudo, mormente nas entidades de classes profissionais. Geralmente, inserem no capítulo que trata dos direitos e deveres dos sócios, a convenção de que *é dever dos sócios, participar da vida associativa*.

Por certo, para todos aqueles que, enquanto membros de uma associação, não paira dúvida entre a distinção de *ser* membro da associação ou de como *participar* de sua vida associativa.

Não é nada significativo apenas *ser* associado de uma entidade de classe, porque isto não traz em si um conceito de valor suficiente para que se possa dela declarar-se parte.

Só poderemos ser úteis como associados de uma entidade, quando a ela ficamos agregados, jungidos, lutando e *participando* para que as finalidades e objetivos sejam atingidos.

Como membros de uma associação, temos o dever de participar da vida associativa, bem como temos o direito de para ela trabalhar; assim o fazendo, estaremos sendo úteis a nós e a nossos pares.

Temos, cada um, uma diversidade de qualidades e somos únicos no espaço que podemos ocupar, porque o lugar que ficar vazio não será por nenhum outro preenchido.

Então, somos detentores de uma missão, entendida como um jeito, uma iniciativa que devemos ter em favor da entidade, para fortalecê-la, tornando-a grande ou ampliando-a, e fazendo-nos conscientes do dever maior, que é trabalhar para o bem comum.

Precisamos entender a missão para a qual somos chamados como objetivo de vida, somando com as experiências adquiridas e dando o que temos de melhor para realizar as tarefas de que nós formos incumbidos.

Devemos aceitar a missão como comum união e forma de participação, sendo solidários e dando demonstração de nossos atos.

Nessa linha de pensamento, somos todos chamados a dar testemunho.

Sobre o valor desse exemplo, o Papa Paulo VI afirmou em um de seus discursos: *"...o homem contemporâneo escuta com melhor boa vontade as TESTEMUNHAS do que os mestres, ou então, se escuta os mestres, é porque eles são TESTEMUNHAS."*

Ainda, seguindo por essa trilha, dizia o grande educador Paulo Freire: *"Não há pensar certo fora de uma prática testemunhal."*

Como membros de uma associação, precisamos ser dotados de uma grande virtude, que é a *coerência*.

Como membros de uma associação, precisamos diminuir a distância entre o que dizemos e o que fazemos.

Como membros de uma associação, precisamos *mais participar* e *menos ser*.

O verdadeiro sentido da participação, enquanto integrantes do quadro associativo de uma entidade de classe, deve estar para nós como:

Um ato de coerência.
Um dever de participar.
Um direito de trabalhar.
Um objetivo a alcançar.

10. Cooperativismo é a solução. Um por todos e todos por um

Os idealistas iniciadores do cooperativismo, na era moderna, sonharam em fincar bases de uma nova sociedade quando vigorava um regime capitalista bem sólido, isto por volta da década de 1840/50.

A Europa enfrentava, em meados do século XIX, sérios problemas sociais, provocados pela Revolução Industrial. A mecanização da indústria gerava a criação de classes assalariadas e também o desemprego em massa. De sobra vinham agregados a miséria coletiva e o desajustamento social.

A angústia e a insegurança social serviram para a proliferação de ideólogos e doutrinadores pregando a luta de classes. Como decorrência, a Europa viu-se envolta em desordens e revoluções, sem que as questões sociais fossem resolvidas.

A sociedade carecia de soluções práticas, objetivas e pacíficas, onde a primazia do homem e seu bem viver superassem os regimes políticos e modelos de administração que os subjugavam.

O remédio certo para combater a doença, naquele momento, não foi encontrado por grandes letrados, mas emergiu pela necessidade sentida por trabalhadores que enfrentavam o aviltamento dos salários ou o próprio desemprego, em virtude de mão-de-obra excedente.

A solução veio através de 28 tecelões de Rochdale, Inglaterra, em 1843, que se reuniram e organizaram um novo sistema de vida, ou seja, a associação baseada no Cooperativismo puro, pela solidariedade, tendo inclusive essa iniciativa derivado em um conjunto de princípios que permanece até nossos dias.

O Cooperativismo proliferou e se expandiu, sempre na observância de seus princípios, chegando o grande doutrinador Charles Gide a escrever que *"para todo o problema econômico há uma solução cooperativa"*, e Frederick Howe diz que na Dinamarca o cooperativismo *"constitui não apenas parte, mas a própria estrutura da nação"*.

Durante a realização do Congresso da Aliança Cooperativa Internacional, no ano de 1923, em Londres, foi instituído o DIA DA COOPERAÇÃO, no primeiro sábado de julho de cada ano. No Brasil, esta comemoração iniciou em 1942, oficialmente.

Aproveitamos *a eventualidade para, em recordando esta data, motivar todos os cooperativados e pessoas ligadas ao cooperativismo, incentivando-os para que mantenham através dos princípios que são próprios da doutrina, o ideal de renovação social e econômica, tendo certeza de que a solidariedade humana, calcada no cooperativismo, é a melhor alternativa para as crises de que somos apenas e tão-somente vítimas.*

Lembramos esta data porque a sua passagem nos coloca em estágio de reflexão.

Sim, porque o espectro dos fulminantes problemas daquele tempo não são diferentes dos nossos, na atualidade.

A política governamental implantada com aceitação de globalização, abertura de mercado, flexibilização, desregulamentação, privatizações desnecessárias, levaram a nação ao caos, e seus trabalhadores sofrem o impacto dos baixos salários, majorações de taxas do serviços, alta de preços de bens de consumo primários, elevação dos preços dos combustíveis, desemprego e uma muito bem urdida campanha de descrédito das mais altas instituições e poderes do País.

A reflexão, neste momento, é muito importante e deve servir para manter viva a bela inspiração de justiça social de Charles Howarth, um dos pioneiros de Rochdale, *"distribuição eqüitativa do produto das vantagens obtidas"* e que cada cooperativado, e que cada trabalhador brasileiro tenha consciência de que na crise deve ser um apóstolo, possibilitando a repartição fraternal de todo e qualquer benefício obtido, para que todos tenham seu quinhão de felicidade, sem sacrifício do semelhante.

Não será esta a alternativa brasileira para a tão propalada crise?

Temos convicção de que, além de alternativa, esta é a solução. Faça cada um sua reflexão.

11. O ensino do cooperativismo

Os tempos exigem, e o homem procura alternativas: cresce muito, no Brasil, o movimento cooperativístico. Buscam-se soluções aos problemas não resolvidos pelo poder público, através do coletivismo cooperativo. Todavia, para que o movimento não esmoreça, revertendo em devaneios e aspirações deturpadas, apenas servis a poucos administradores de cooperativas, que relegam a segundo plano os interesses de seus cooperativados, seria de grande valia que fosse desenvolvido no Brasil o ensino do cooperativismo. Essa idéia nada tem de novidade e não é precursora. Já existiu no RS uma escola técnica de cooperativismo que sucumbiu por insuficiência de aporte financeiro das autoridades constituídas, mas seu ideal está incutido na iniciativa e na aspiração de seu criador, Adolpho Gredilha, cuja obra - Doutrina do Cooperativismo -, estamos dedicados em atualizar, lançando em sua homenagem estudos sobre Cooperativas de Trabalho.

Por conter um cabedal de profunda análise e, mais que nunca, atualidade aos momentos que enfrentamos, cabe aqui reproduzir trechos de suas idéias a respeito.

"Há no Brasil um velho vício inveterado, qual seja, o de copiar e imitar, adulterando, institutos e instituições alienígenas, sem levar em consideração, na maioria dos casos, a oportunidade de tempo e de lugar, e, principalmente, o aparelhamento adequado.

O movimento cooperativístico não escapou ao contágio do vício indicado. Uma lei falha, o Decreto nº 1.637, de 1907, permitiu toda sorte de erros, deturpações e a proliferação de um falso cooperativismo. O cooperativismo é um corpo de doutrina, um conjunto de princípios fundamentais, um complexo de regras práticas indispensáveis. É teoria e prática; é ciência e arte que, reunidas, constituem uma técnica. O desconhecimento da técnica do cooperativismo perturba o seu desenvolvimento.

Não é aqui o lugar, nem o momento oportuno, para fazer um estudo crítico-comparativo da balbúrdia de toda essa legislação, onde se revela desconhecimento do aspecto prático do cooperativismo, ferem-se fundo alguns de seus princípios fundamentais, patenteiam-se algumas heresias jurídicas, contradições, até disparates, tendo-se, com os últimos dois, marchado no assunto alguns passos à retaguarda.

A verdade, que ninguém poderá esconder, e há de ficar perenemente visível, é que foi o Decreto nº 22.239, que, pela primeira vez, legislou acerca dos princípios fundamentais do cooperativismo; eliminou a confusão entre sociedade cooperativa e sociedade anônima, como aceitou o princípio de não equiparar a sociedade cooperativa às formas existentes de sociedades mercantis. Embora a avidez de sempre e continuamente reformar, o que se observa é que as reformas subseqüentes não têm podido destruir os alicerces do Decreto nº 22.239, construído em sólida rocha. Muitos de seus dispositivos foram conservados, enunciados com outra redação, nem sempre perfeita, só com intuito de apresentar uma idéia antiga com vestido novo, para não ter que confessar a imutabilidade daquela.

O desenvolvimento do cooperativismo no Brasil vai num crescendo regular; mas é necessário que se eliminem, e se evitem a reprodução, os abusos, e mesmo os erros de boa-fé, que outrora tanto prejudicaram algumas iniciativas.

O remédio está na divulgação do cooperativismo como doutrina, como prática, e sua história, onde se encontram os resultados da experiência, comprovantes da boa ou má aplicação dos princípios fundamentais que dizem respeito. Para isto é preciso instituir, de modo permanente, regular e eficiente, o ensino do cooperativismo.

Nos Estados Unidos da América do Norte, uma grande e importante universidade, a de Maryland, e que é uma das mais antigas, reconheceu que o modo de propriedade e de direção, a condução dos negócios, assim como os objetivos das empresas cooperativísticas, diferem de tal maneira daquelas empresas privadas e de cunho capitalístico, de sorte que a formação e a experiência que convêm para uma empresa mercantil privada não convêm a uma empresa cooperativa. Por essa razão, a Universidade de Maryland instituiu um ciclo de estudos especiais de quatro anos de nível superior, universitário, concernente à organização e à administração cooperativística, estudos esses que podem ainda prosseguir após obtenção do diploma.

A "Universidade" dá, assim, um exemplo, estabelecendo, sobre uma base puramente universitária, um vasto programa para formação de dirigentes e funcionários de cooperativas.

Uma tentativa foi feita na cidade de Porto Alegre, capital do Estado do Rio Grande do Sul, por iniciativa particular. Derivou a idéia de uma tese apresentada no Congresso de Cooperativas que, naquela capital, realizou-se em dezembro de 1938, de minha autoria, e mereceu unânime aprovação depois de elogiosas referências no debate.

A Escola instalou-se em maio de 1939; funcionou dois anos ininterruptamente, tendo diplomado uma turma de "técnicos em cooperativismo" dos alunos que concluíram o curso.

Esse se compunha de sete cadeiras, distribuídas em duas séries anuais, cujas disciplinas eram: 1 - Economia Política. 2 - História do Cooperativismo. 3- Contabilidade geral e aplicada. 4 - Doutrina do Cooperativismo. 5 - Direito aplicado ao Cooperativismo. 6 - Prática do Cooperativismo. 7 - Ciência da Administração das Empresas.

Na verdade, uma tal iniciativa precisa ser renovada; mas, para evitar o mau efeito do insucesso, por falta de recursos financeiros, difíceis de obterem-se entre particulares para um objetivo de puro idealismo, não remunerador de capitais, um plano deveria ser elaborado, no qual as cooperativas de todo o território nacional poderiam colaborar, comprometendo-se seriamente a contribuir, cada qual, com uma quota anual permanente, para manter em funcionamento uma "ESCOLA TÉCNICA DE COOPERATIVISMO."

Assunto palpitante, a estudar e meditar, que merece a atenção daqueles que sentem entusiasmo pelo promissor movimento cooperativístico, tão auspiciosamente desenvolvendo-se no Brasil.

Para Antônio Felício dos Santos, o cooperativismo é o "Evangelho em ação" no terreno da economia social. Acertado o grande escritor e médico, porque Evangelho quer dizer "boa nova" que, para Adolpho Gredilha era traduzida como a "...boa nova que vem trazer a esperança num melhor futuro e a Eqüidade na ordem econômica."

Racionalmente, amamos aquilo que conhecemos, ficando para o irracional o amor no desconhecido, através da fé. Para desenvolvimento de um verdadeiro amor ao cooperativismo e crença em seus princípios, necessário se torna que o mesmo seja conhecido, em profundidade, o que seria possível através de seu ensino, não ficando seus interessados apenas gravitando em torno do mesmo, sofrendo os impactos de atração e repulsão aos objetivos de terceiros, mais voltados para o lucro e menos despesas, características das de sociedades mercantis.

Esse tema interessa a todos e, principalmente, às autoridades e aos que militam no cooperativismo, devendo, por parte dos mesmos, ser objeto de estudo e reflexão. É o que se espera.

12. A fé e o poder

A fé e o poder se inter-relacionam no mesmo homem quando se busca sua verdadeira dimensão. Nele podem coexistir e, como virtudes, ser encontrados juntos ou separados. Assim penso. Assim não pensa Erich Fromm, em sua obra - *A arte de amar* - quando explicita: *"Em vista do fato de se excluírem mutuamente a fé e o poder, todas as religiões e todos os sistemas políticos, originalmente construídos sobre a fé racional, se tornam corruptos e acabam por perder o vigor que têm, quando confiam no poder ou a ele se aliam."*

Entendo que o exercício do poder político sem fé impede que o detentor do poder se realize como ser humano, uma vez que seus atos serão maculados pela dissonância entre o virtual e o real, projetos e concretudes, o ter e o ser.

A fé, aqui pensada, significa plena adesão e crença em verdades que levem o homem a ter dignas condições de vida. Ao reverso, quando os atos promanados de quem detém o poder não visam a melhorar as condições de vida de seu semelhante, está ele cometendo uma injustiça que traumatiza a fé, porque o poder não está servindo como força transformadora.

O poder mal exercido é mero agente formador de desagregação e desníveis sociais, servindo apenas ao materialismo de poucos, precariamente, visto que não conseguirá ser uma unidade de perpetuação aos que dele deveriam ser verdadeiramente beneficiários.

Isto faz refletir sobre a idéia de que o poder emana do povo e de que em seu nome deve ser exercido. Vemos isto efetivamente acontecer?

Neste aspecto, se impõe uma análise do que seja ideologia, aqui perfunctoriamente lançada e que, neste caso, é mera forma com nítida função de mascaramento, ocultação e falsificação da realidade social. O homem que em si detém o poder, calcado apenas em princípios ideológicos, não serve a ninguém, pois será o veículo ou o instrumento para encobrir a realidade social, e os problemas do povo não serão resolvidos.

Poder ideológico sem fé servirá para falsear de modo inconsciente e então será ilusão, pois poderá produzir erro que crê ser verdade, criando a falsa consciência da realidade social, contrapondo-se ao crítico e ao científico. Ainda poderá falsear de modo consciente, agredindo a ética e gerando a mentira ou o interesse injustificado, invertendo, simulando, transmitindo inverdades, para criação de convicções ou de convencimento massificado.

As injustiças e profundas diferenças sociais, com pobreza extrema, desemprego, e outras formas de imersão do povo em um lodaçal de penúria, são sinais acusadores de que os donos do poder político no Brasil são carentes de fé ou não a têm.

A ausência ou insuficiência da fé evidencia que as decisões dos responsáveis políticos criam a desorganização social, a pobreza e a miserabilidade econômica e moral do povo.

É bem verdade, também, que dentro de uma sociedade organizada haja pessoas com função própria de promover o bem comum, a quem cabe esse poder. Porém, deve ser observado o verdadeiro sentido desta delegação, que é o de servir, e não de servir-se, sob pena de inversão dos poderes outorgados.

13. O calote dos precatórios

O artigo 100 da Constituição Federal estabelece que:

"À exceção dos créditos de natureza alimentícia, os pagamentos devidos pela Fazenda Federal, Estadual ou Municipal, em virtude de sentença judiciária, far-se-ão exclusivamente na ordem cronológica de apresentação dos precatórios e à conta dos créditos respectivos, proibida a designação de casos ou de pessoas nas dotações orçamentárias e nos créditos adicionais abertos para este fim.

§ 1º É obrigatória a inclusão, no orçamento das entidades de direito público, de verba necessária ao pagamento de seus débitos constantes de precatórios judiciários, apresentados até 1º de julho, data em que terão atualizados seus valores, fazendo-se o pagamento até o final do exercício seguinte."

Para se chegar à conclusão desejada, e à extensão da obrigação do "Estado", convém inicialmente que se clareie ao leitor leigo o que significa precatório. No vocabulário jurídico "De Plácido e Silva" encontra-se a precisa definição:

"PRECATÓRIO. De *precatorius*, é especialmente empregado para indicar a requisição ou, propriamente, a carta expedida pelos juízes da execução de sentenças, em que a Fazenda Pública foi condenada a certo pagamento, ao presidente do Tribunal, a fim de que, por seu intermédio, se autorizem e se expeçam as necessárias ordens de pagamento às respectivas repartições pagadoras. No precatório devem ser indicadas a quantia a ser paga e a pessoa a quem a mesma se destina. Além disso, deve ser acompanhado de várias peças do processo, inclusive cópia autêntica da sentença e do acórdão que a tenha confirmado, e da certidão da conta de liquidação. Pelo precatório é que se formula o processo para a requisição do pagamento devido a ser feito pelo presidente do Tribunal a quem se dirigiu. E a este cabe ordenar à repartição competente a satisfação do pagamento em cumprimento à execução promovida."

As pessoas naturais ou jurídicas privadas, quando restam devedoras em processos judiciais de conhecimento, após esgotadas as possibilidades recursais, têm contra si uma ação de execução, decorrente de título judicial(sentença) e, se não cumprirem a ordem de pagamento emanada do juiz, sofrem a constrição de bens que pode culminar com a expropriação dos mesmos para pagamento da dívida.

O "Estado" já está privilegiado em relação às próprias pessoas que o compõem, porquanto não tem seus bens expropriados, mas suas dívidas devem ser pagas pelo sistema de precatórios, cujas importâncias são requisitadas, incluídas no orçamento da entidade de direito público, até o meio do ano em que solicitadas, com o conseqüente pagamento até o final do ano seguinte. Parece privilégio, mas é a lei, aliás, lei maior da nação, porque este procedimento está inserido na Constituição.

Sabidamente, os "tais precatórios" não vêm sendo cumpridos, obrigando a que os presidentes de Tribunais, muitas vezes, sejam compelidos a ameaçar com intervenção em Estados ou Municípios.

Veja-se que a requisição de importância para pagamento de dívida dos entes de direito público só acontece após o trânsito em julgado da sentença, após revisada pelo Tribunal, em face da prerrogativa de recurso obrigatório, inserto no artigo 475 do CPC.

Após utilizados todos os recursos cabíveis na fase cognitiva, pois assim procedem os entes públicos, o processo inicia sua fase de liquidação, onde é encontrado o valor devido, e a liquidação é julgada por sentença, podendo haver embargos que serão novamente julgados por sentença. Muito bem, nesta fase também existem recursos e são, invariavelmente, utilizados pelo "Estado". A dívida do "Estado", então, só fica cristalizada após a questão ser examinada pelo Tribunal, na fase cognitiva e, eventualmente, tem seu trânsito em julgado sem oposição de recurso na fase executória.

Após esgotadas todas estas fases processuais se diz, tecnicamente, em linguagem jurídica, que houve o trânsito em julgado, criando a coisa julgada, que significa a eficácia que torna imutável e indiscutível a sentença.

Depois deste emaranhado de marchas e contramarchas processuais, o ente privado sofre a execução da sentença, devendo pagar sua dívida de imediato, e os entes públicos deverão cumprir sua obrigação através do precatório, nos moldes acima.

Em (07.10.99), deparamo-nos com notícias nos meios de comunicação, de que o presidente do Congresso, senador Antônio Carlos Magalhães, apresentou em (06.10.99) proposta de emenda constitucional que muda a regra para o pagamento dos precatórios. Segundo a proposta, os Governadores e Prefeitos teriam dez anos (pasmem, dez anos) para saldar os atuais precatórios. E mais, dois anos de moratória para o recálculo e oito anos para pagar a dívida em parcelas anuais.

Ora, a proposta é uma indecência e verdadeiro calote aos credores do "ESTADO", pois vem aos poucos demonstrando que não há intenção de pagamento, diluindo a obrigação em interminável sucessividade passível de atualização, tornando infindável o processo, e não recebendo o credor o que lhe é devido.

O credor, esgotado pelos longos e extenuantes anos de batalha judicial que manteve para ter seu direito reconhecido, certamente, pela nova e miraculosa fórmula, sugerida pelo presidente do Senado, perecerá sem receber o que lhe cabe de direito.

Mais grave, ainda, na proposta encaminhada, é que a pretensão é de pisotear e afundar o Poder Judiciário, levando-o ao descrédito perante os jurisdicionados, pois pretende revisar cálculos já cristalizados e transformados em coisa julgada, portanto imutáveis.

Quem em sua vida particular não gostaria de receber tais benesses para se opor ao sistema financeiro brasileiro? Por que tal vantagem, então, não é concedida ao empresário, para negociar nas suas relações com fornecedores?

Inaceitável, indecorosa e desumana esta proposta do Sr. Antônio Carlos Magalhães, mui digno presidente do Senado Federal.

Assim, o que mais dizer ou pensar?

FRANCISCO ROSSAL DE ARAÚJO

Juiz do Trabalho Presidente da 27ª Junta de
Conciliação e Julgamento de Porto Alegre
Mestre em Direito pela UFRGS, Doutorando em Direito
do Trabalho pela Universidade Pompeu Fabra - Barcelona - Espanha e
Professor de Direito do Trabalho e Processo do Trabalho na PUC-RS.

14. A boa-fé no término do contrato de emprego: o pagamento das verbas rescisórias (resilitórias)

Introdução

O tema do término do contrato de emprego constitui um dos mais importantes tópicos dentro do Direito Individual do Trabalho. Em tempos de crise econômica e de desemprego ascendente, renova-se a importância do seu estudo. O presente trabalho tem a intenção de revisar alguns pontos tradicionais da doutrina trabalhista, analisando-os sob a ótica do princípio da boa-fé. Não é um trabalho investigativo completo, mas constitui algumas reflexões a respeito de problemas do cotidiano da vida jurídica trabalhista.

O Direito não é neutro em relação à realidade. Analisar o tema do término do contrato de emprego exige que se preste atenção no fenômeno do desemprego, principalmente quando se trata do ordenamento jurídico brasileiro. Como se sabe, não existe um sistema de garantia de emprego geral, sendo apenas excepcional que a despedida de um empregado encontre resistência na legislação. Por não haver garantia de emprego no ordenamento jurídico brasileiro, as exigências quanto ao pagamento das verbas resultantes do término do contrato devem ser maiores.

O legislador optou por não consagrar o sistema de despedida imotivada (objetiva ou subjetiva), caracterizada pela teoria da nulidade da despedida aleatória. O art. 7º, I,[1] da Constituição Federal ainda carece de regulamentação, passados 10 anos de promulgação da Carta Magna. Assim, em regra, o único óbice para a despedida são os custos econômicos que o empregador possui ao dispensar o empregado, caracterizado basicamente pelo aviso prévio, a indenização de 40% do FGTS, multas e parcelas decorrentes de direitos adquiridos (férias e 13º salário proporcionais, por exemplo). Além desse custo econômico, nenhuma outra limitação legal tem o empregador na hora de terminar o contrato.[2] Portanto, se, via de regra, o único óbice para a despedida do empregado é a sanção econômica, o Poder Judiciário deve ser severo na sua observância, sob pena de permitir o fomento ao desemprego e o desrespeito ao ordenamento jurídico derivado do inadimplemento de uma obrigação. Se o Poder Judiciário mantém uma postura permissiva com relação ao pagamento das verbas devidas no término do contrato, será mais fácil ainda ao empregador despedir os seus empregados, e estar-se-á colaborando indiretamente para o aumento do nível de desemprego.

O momento é de crise, e o sacrifício deve ser feito por todos. Ao invés de diminuir salários e despedir empregados, poder-se-ia começar pela redução da margem de lucro. Em todo o caso, sempre é importante lembrar a responsabilidade social do empregador na hora de ser efetuada a despedida de um empregado,

---

[1] O texto legal é o seguinte:
Art. 7º. São direitos dos trabalhadores urbanos e rurais, além de outros que visem à melhoria de sua condição social:
I - relação de emprego protegida contra despedida arbitrária ou sem justa causa, nos termos da lei complementar, que preverá indenização compensatória, dentre outros direitos.

[2] Para consultar o tema de estabilidade/garantia no emprego, ver SÜSSEKIND, Arnaldo e outros - *Instituições de Direito do Trabalho* - 17ª ed., Ed. LTr, São Paulo, vol. I, p. 695/696.

pois se está inviabilizando o seu meio de sustento e de sua família.

O término do contrato de emprego significa o exercício de um direito potestativo ou um direito formativo extintivo, segundo outra terminologia. Em linhas gerais, significa que a posição jurídica de uma das partes se sobrepõe em relação à outra. O término do contrato de emprego pode ocorrer por iniciativa de ambas as partes, denominando-se despedida, se for declaração unilateral do empregador, e demissão, se a iniciativa for do empregado. Também existem formas mistas, como a falência e a insolvência civil e formas que derivam do inadimplemento contratual (Resolução - justa causa). Ainda podem ser encontradas outras formas de término do contrato, como por exemplo, a nulidade (rescisão). Nesse trabalho, será analisado apenas o término do contrato ocorrido por iniciativa do empregador (despedida).

Ainda, a título introdutório, cabem algumas considerações sobre o princípio da boa-fé. A primeira diz respeito à divisão entre boa-fé subjetiva e boa-fé objetiva. Boa-fé subjetiva é o estado de consciência do indivíduo. Significa dizer que se alguém tem ou não conhecimento a respeito de terminada situação de fato ou jurídica, e como a posse dessa informação interage com a sua conduta. A boa-fé objetiva é uma pauta de conduta da qual se pode abstrair uma norma que obriga as partes. Mais do que um estado de consciência, a boa-fé objetiva é um padrão de conduta que pode construir obrigações, auxiliar na interpretação das declarações de vontade ou completar lacunas da lei ou do contrato. Os padrões de conduta que o empregador deve ter na hora de despedir o empregado serão analisados desde o ponto de vista da boa-fé objetiva.

Realizadas essas considerações introdutórias, o tema será exposto em dois momentos, obedecendo a uma tradicional separação doutrinária. A primeira parte versará sobre aspectos de direito material da despedida, e a segunda, sobre aspectos de direito processual.

I - Aspectos de Direito Material

Para a primeira parte do trabalho, foram selecionados três temas a serem abordados: o contrato de trabalho em seu aspecto dinâmico (obrigação como processo); a natureza alimentar do salário e a sua projeção nas verbas que devem ser pagas no final do contrato; e algumas considerações sociológicas sobre o desemprego.

a) Aspecto dinâmico do contrato de emprego (obrigação como um processo)

O contrato de emprego é um contrato de trato sucessivo. Suas obrigações principais (trabalho e remuneração) se renovam no tempo, e o adimplemento parcial não extingue a obrigação principal. Tampouco se configura como uma sucessão de obrigações. Existe apenas uma obrigação principal que se projeta no tempo. O contrato de emprego não é o único exemplo de contratos de trato sucessivo. Na área de direito privado, são comuns os contratos de crédito rotativo ou os contratos de fornecimento de mercadorias, por exemplo.

Sendo o contrato de emprego um contrato de trato sucessivo, que se prolonga no tempo, é natural que apareçam obrigações acessórias à obrigação principal. Com o passar do tempo, uma série de pactos adicionais é criada, modificada ou extinta, à margem da obrigação principal. São obrigações acessórias que gravitam em torno do núcleo contratual. Basta pensar na hipótese de um vínculo de emprego que dure vinte anos, com inúmeras alterações contratuais, onde pode ser verificada a extrema dinamicidade da relação.

Essas obrigações acessórias, muitas vezes, não decorrem de uma manifestação de vontade expressa. Em diversas ocasiões a manifestação é tácita, decorrendo do próprio "contato social". Essa terminologia é própria do moderno Direito das Obrigações e significa a série de declarações de vontade consistentes em atos do dia-a-dia, costumes profissionais, aquiescências múltiplas que ocorrem no convívio diário em sociedade e que se projetam para um contexto do vínculo obrigacional. Nem todas as alterações contratuais em um contrato de emprego decorrem de declarações expressas, e muitas delas são constituídas por pequenos elementos de seu cotidiano. Assim, verbas que são reiteradamente pagas, horários que se repetem continuamente, condições de trabalho e tarefas que se modificam pouco a pouco podem caracterizar alguma alteração contratual, cuja real extensão pode não ser de total consciência das partes. Muitas vezes, em face de o ordenamento jurídico brasileiro não ter um sistema de garantia de emprego, tais alterações somente serão discutidas em Juízo, após a despedida, pois o empregado teme ser despedido, em represália por eventual demanda trabalhista proposta no decorrer do contrato.

Além disso, a periodicidade ou lapso de tempo que servem de contagem para certas obrigações secundárias não são necessariamente os mesmos da obrigação principal. Assim, por exemplo, o salário pode ser pago por semana ou por mês, mas a contagem das férias é anual. Também o 13º salário corresponde ao ano civil, e tem periodicidade distinta. Quando o contrato se extingue, é como se um carro que viesse em movimento parasse bruscamente. Os passageiros são empurrados para frente, por força da inércia, e ocorre uma mudança no movimento dos corpos. Apesar de o aviso prévio limitar o direito formativo extintivo (direito potestativo) de resilir o pacto, a despedida do empregado constitui um corte brusco na vida do contrato. Funciona como a freada de um automóvel, e é preciso estudar o que ocorre com a dinamicidade de outras parcelas.

Em geral, a ruptura do vínculo de emprego por iniciativa do empregador, sem justa causa (despedida sem justa causa), dá direito ao empregado a receber o saldo de salários, as férias proporcionais acrescidas de 1/3, 13º salário proporcional, o aviso prévio e a multa de 40% sobre os depósitos do FGTS, entre outras parcelas. Essas são as parcelas resilitórias clássicas, que foram popularizadas pelo nome de "verbas rescisórias". Outros direitos, como férias vencidas, indenizações contratuais ou previstas nas normas coletivas, multas e diferenças de outras parcelas também podem aparecer. O que importa é saber que, com a despedida, o término da relação e a conseqüente solução de sua continuidade levam à necessidade de um "acerto de contas" entre empregado e empregador. Nas sociedades comerciais, por exemplo, estabelece-se a necessidade de um balanço (anual, semestral, etc), de forma a apurar periodicamente os haveres e deveres. No contrato de emprego, essa operação ocorrerá somente no seu término, via de regra.[3]

O certo é que o fato de determinadas parcelas somente serem devidas ou apuradas no final do contrato, não afasta o seu caráter intangível. Na sua maioria, são parcelas de natureza salarial (salvo as indenizatórias) que, devido à inércia antes justificada, somente são apuradas no momento em que se rompe o pacto. A natureza salarial e a proteção ao percebimento dessas parcelas serão analisadas no item a seguir.

b) Princípio protetivo e parcelas resilitórias de natureza alimentar.

O Direito do Trabalho tem natureza tuitiva. Um dos principais argumentos a favor da existência do princípio

---

[3] A exceção está no art. 233 da Constituição Federal, que determina ao empregador rural comprovar, de cinco em cinco anos, perante a Justiça do Trabalho, o cumprimento das suas obrigações trabalhistas para com o empregado rural, na presença deste e de seu representante sindical.

da proteção no Direito do Trabalho é o caráter alimentar que tem o salário. O princípio protetivo informa tanto o Direito Material quanto o Direito Processual do Trabalho. Apesar de autônomo e independente, o Direito Processual do Trabalho é o instrumento pelo qual se realiza o Direito do Trabalho, e sua aplicação caracteriza-se como um meio para obtenção de um fim. A natureza alimentar do salário é de fácil compreensão. O ser humano deve trabalhar para dar valor econômico às matérias-primas da natureza. Apesar de alguma doutrina econômica dizer que o valor das mercadorias é dado pela utilidade que elas têm para quem vai utilizá-las (paradoxo da água e do diamante), a maioria dos economistas prefere o critério mais objetivo da quantidade de trabalho. O valor-utilidade, por ser extremamente subjetivo, impede a formulação de uma teoria econômica e, por esse motivo, prefere-se o critério do valor-trabalho. Todo o valor de uma mercadoria não decorre exclusivamente do trabalho a ela agregado, pois existem outros elementos, como o custo da matéria-prima, o custo financeiro, etc. É certo, porém, que nenhuma mercadoria deixa de incluir o componente trabalho no seu valor.

O valor que é pago, a título de salário, nunca corresponde ao total de valores que o trabalho agrega. Se não fosse assim, não haveria a idéia de lucro que, junto com a propriedade privada dos meios de produção, a autonomia da vontade (liberdade de mercado) e o trabalha assalariado são os pilares do sistema capitalista. O sistema capitalista é um sistema econômico que cria e interage com um sistema político e, em conseqüência, com um sistema jurídico-normativo. Quando se fala em capitalismo, utiliza-se o termo em sentido amplo, abrangendo todas as suas projeções econômicas, políticas, normativas, sociológicas, etc. O trabalho que está inserido nesse sistema é remunerado apenas em parte, pois outra parcela do seu valor se acumula nas mãos do proprietário dos meios de produção, sob a forma de lucro. A parte que retorna ao trabalhador permite a sua sobrevivência e, conforme a circunstância, também pode permitir que faça alguma poupança, no sentido de lhe permitir adquirir outros bens. Nesse sentido, o salário também pode produzir uma redistribuição de riqueza. Seja qual for o caso, o certo é que uma redistribuição de riqueza é sempre parcial pois, se fosse total, desapareceria a noção de lucro e, sem ela, o sistema capitalista não existiria, por falta de um de seus elementos essenciais. Transportando esse raciocínio para o âmbito jurídico, é fácil perceber que o ordenamento jurídico procura dar um mínimo de proteção ao recebimento do salário, em face de seu caráter alimentar e pelo fato de constituir, na maioria dos casos, a principal, se não a única, fonte de sobrevivência de que dispõe o trabalhador. Nesse sentido, protege-se o salário contra eventuais reduções - princípio da irredutibilidade salarial,[4] considera-se que é intangível[5] e assegura-se, em caso de falência do empregador, o seu privilégio diante de outros créditos. No âmbito processual, o salário é protegido na medida em que o empregador deve colocá-lo à disposição na primeira audiência, sob pena de pagá-lo em dobro.[6] Saliente-se que a expressão *salário*, aqui, é utilizada em sentido lato, abrangendo todas as verbas de natureza salarial. Assim, tanto a legislação material quanto a processual atuam no sentido de proteger o trabalhador, para garantir que venha a receber a contraprestação salarial. Nos dois casos, o pano de fundo é a natureza alimentar.

A legislação material e processual protege o salário (em sentido lato), não só no que diz respeito ao desen-

---

[4] Cf. art. 7º, VI, da Constituição Federal.

[5] O princípio que vigora, no Direito do Trabalho, é o da impenhorabilidade do salário, salvo para questões de prestação de alimentos.

[6] Cf. art. 467, da CLT.

volvimento do contrato, mas também, no que diz respeito ao seu final. Nesse momento é que se apuram valores decorrentes da obrigação principal e valores que gravitam em seu entorno. É um "acerto de contas", no qual toda a contratualidade é passada a limpo. Pelo fato de serem apuradas apenas na resilição contratual, essas parcelas salariais não perdem a sua natureza e continuam a merecer toda a proteção de que gozavam, enquanto o contrato de emprego se mantinha em vigor. Muitas vezes, ocorre um certo relaxamento do Poder Judiciário, dos órgãos de fiscalização do Poder Executivo, ou mesmo até dos Sindicatos, com relação às parcelas resilitórias. Como sua apuração se dá em conjunto, normalmente o valor a ser pago ultrapassa os valores habituais, se considerados apenas o salário do empregado e alguma remuneração extra. Pelo fato de o valor ser um pouco superior ao habitual, iniciou-se a mentalidade de que possa ser barganhado, como se se tratasse de um direito "menor". Ao ser reafirmada a natureza salarial e, por conseqüência, alimentar, da maioria das parcelas resilitórias, reafirma-se que o caráter protetivo deva agir com toda a sua intensidade. Do contrário, abrir-se-ia a porta para a fraude e para a barganha o que, em se tratando da natureza do bem jurídico em questão, significa diminuir o valor da dignidade do trabalhador.

c) Parcelas resilitórias e desemprego

Avaliadas as questões pertinentes à dinâmica do contrato de emprego e à natureza salarial de suas parcelas resilitórias, cabe fazer uma projeção para o futuro: em que medida o recebimento de determinados valores no final do contrato pode permitir a manutenção do trabalhador, até que encontre um novo emprego.

O desemprego é um dos grandes males sociais da virada do milênio. O trabalho passa a ser considerado como bem escasso.

Em geral, costuma-se apresentar o desemprego sob três formas: desemprego funcional, desemprego conjuntural e desemprego estrutural.

Por desemprego funcional, entende-se a taxa natural de desemprego que é necessária ao sistema capitalista e que alguns autores costumam denominar de "exército de reserva".[7] O desemprego conjuntural, como se apreende do próprio nome, varia de acordo com a conjuntura dos fatores econômicos, que, segundo variações para mais ou para menos, forçam as despedidas ou contratações de mão-de-obra. O que preocupa é o desemprego estrutural. Esse tipo de desemprego ocorre, quando é extinto o posto de trabalho e não há perspectivas de recriá-lo, porque as condições que permitiam a sua existência desapareceram. Acontece, por exemplo, quando a mão-de-obra humana é substituída por uma máquina.

O desemprego estrutural sempre surge quando aparecem inovações tecnológicas que mudam radicalmente o modo de produção, levando à extinção completa de milhares de postos de trabalho. Assim se verificou com as máquinas na 1ª e na 2ª Revolução Industrial. Porém, passado algum tempo, devido ao rompimento das barreiras naturais e ao crescimento econômico, novos postos de trabalho foram criados e compensaram as perdas anteriores. Hoje, apesar da retomada do crescimento, os postos de trabalho não reapareceram.

As pretensões do presente trabalho não chegam à tentativa de se fazer alguma análise acurada do problema do desemprego estrutural. Apenas, com base em constatações empíricas, busca-se refletir sobre o papel de uma indenização decorrente da despedida de determinado trabalhador e sua relação com a sobrevivência, até que seja encontrado novo emprego.

Como foi visto no item anterior, o salário pode representar distribuição de riqueza parcial, além da

---

[7] A expressão é de KARL MARX.

natureza alimentar que possui. Em certos casos, o empregado pode reservar uma parte do salário para fazer uma poupança e, com isso, adquirir outros bens, além dos indispensáveis à sobrevivência. Pode, inclusive, simplesmente manter alguma reserva para enfrentar eventual dificuldade. O problema é que o nível médio dos salários brasileiros é um dos mais baixos do mundo. Por outro lado, o país tem uma das mais elevadas taxas de concentração de riqueza do mundo. Essas duas características da economia brasileira tornam a situação extremamente difícil para quem está desempregado. Assim, é possível perceber que, em função das características da distribuição de renda na sociedade brasileira, e em função da média salarial, o trabalhador brasileiro, em regra, tem na despedida uma séria ameaça ao bem-estar pessoal e ao de sua família.

Se as condições para enfrentar um período de desemprego são francamente desfavoráveis, pelo baixo nível de redistribuição de riqueza, representado pelos salários, naturalmente que cresce a importância representada pelo pagamento das verbas resilitórias. Na maioria das vezes, esse valor constitui a única garantia de sobrevivência para o trabalhador desempregado. Uma outra fonte de renda seria o seguro-desemprego, que oferece possibilidade de garantir alguma renda, enquanto não se encontra um novo trabalho.

Sempre é bom lembrar que o indivíduo desempregado é alguém afetado na sua cidadania. Um dos pilares do Estado Democrático de Direito é a dignidade do indivíduo, de modo que lhe sejam asseguradas condições mínimas de sobrevivência. Não existe Estado Democrático e tampouco Estado de Direito se os cidadãos não têm dignidade de viver. O mínimo necessário está representado pela possibilidade de trabalhar e garantir seu próprio sustento e de seus familiares.

Por essas razões, quando se ressalta a importância das verbas resilitórias, chama-se a atenção não só para o caráter alimentar decorrente de uma situação anterior (o contrato de emprego), mas também para uma situação posterior de desemprego, agravada por uma crise de proporções mundiais.

O mínimo que se pode exigir do empregador é que aja de boa-fé, no sentido de garantir o integral pagamento das parcelas resilitórias, já que foi impossível manter o emprego. Mais uma vez reafirma-se que a boa-fé, num caso, não significa estado de consciência do indivíduo, mas norma de conduta de lealdade no cumprimento das obrigações, de modo a garantir o total adimplemento das parcelas devidas. A quebra da boa-fé contratual dá lugar a sanções, que serão analisadas na segunda parte desse trabalho.

II - Aspectos de Direito Processual

Até agora foi analisado o aspecto material relacionado ao tema do pagamento das verbas resilitórias. Uma parte da análise deteve-se em aspectos jurídicos propriamente ditos. Outra, em aspectos sociológicos, principalmente na parte em que foi analisado o problema do desemprego. Na segunda parte, vão ser examinados os aspectos jurídico-processuais, que também vão estar conectados a elementos sociológicos. As primeiras reflexões versarão sobre a natureza do Processo do Trabalho, em especial o princípio da celeridade. Em um segundo momento, serão estudados aspectos processuais da boa-fé (má-fé processual) relacionados com o pagamento das verbas resilitórias. Por último, algumas referências aos problemas da justa causa.

a) A natureza do Processo do Trabalho e as verbas rescisórias

O Processo do Trabalho tem características peculiares. Deve ser lembrada a sua autonomia em relação ao

Processo Civil, embora ainda a CLT conserve a disposição do art. 769, que autoriza a aplicação subsidiária do CPC. Por outro lado, o Processo do Trabalho recebe a influência dos Princípios do Direito material do Trabalho, sendo "informado", em especial, pelo Princípio da Proteção.

Não há dúvidas de que o Processo do Trabalho é autônomo e independente em relação ao Direito do Trabalho. Entretanto, parece pacífico que todo o Direito Processual tem um caráter instrumental, no sentido de que ele não constitui um fim em si mesmo. Seu objetivo é realizar o Direito Material, facilitando e ordenando a concreção jurídica. O requisito fundamental para que o instrumento possa atingir e realizar o seu objetivo é a adequação. Essa adequação assume três aspectos: subjetiva, objetiva e teleológica. Deve adaptar-se ao sujeito que maneja (adequação subjetiva), deve adaptar-se ao objeto ao qual se destina (adequação objetiva) e deve considerar o fim a que visa[8] (adequação teleológica).

O processo deve se adaptar ao direito material sobre o qual opera. O Processo Penal ao Direito Penal, o Processo Civil ao Direito Civil e o Processo do Trabalho ao Direito do Trabalho. Se o Direito do Trabalho possui características e princípios próprios, por decorrência, o Processo do Trabalho também os terá, realizando a adaptação teleológica mencionada no parágrafo anterior. Se, no Direito do Trabalho opera o princípio da proteção, também no Processo do Trabalho ele operará, realizando-se as necessárias adaptações e adequações aos outros princípios do processo. A boa regra de prudência aconselha que não é a lide que deve adaptar-se ao processo, mas a estrutura do processo que deve adaptar-se à natureza da lide.[9] É certo que não podem ser

---

[8] Cf. LACERDA, Galeno - *Comentários ao Código de Processo Civil*, 4ª ed., Ed. Forense, Rio de Janeiro, 1992, Volume VIII, Tomo I, p. 18.

[9] Cf. DE LITALA, *apud* GIGLIO, Wagner, *Direito Processual Trabalhista*, 7ª ed., Ed. LTr, São Paulo, 1993, p. 105.

abandonadas no Processo do Trabalho as conquistas fundamentais do processo, como o Juiz natural, o direito de defesa, o contraditório, a simetria ou igualdade de oportunidades às partes. Mas essas garantias deverão ter um novo enfoque, não mais puramente individualistas, mas sim de garantias sociais.[10] Além do argumento técnico consistente na lembrança da instrumentalidade do processo, vale a pena recordar um outro argumento, de natureza sociológica, lembrado por Wagner Giglio. Diz esse autor que a superioridade patronal, presumivelmente existente nas relações materiais, revela-se também em juízo. Ocorre no melhor assessoramento jurídico de que pode dispor o empregador, nas facilidades que tem para a obtenção da prova testemunhal, colhida entre seus subordinados, e pela maior capacidade econômica para suportar longas demandas e as despesas processuais.[11] Ainda que um argumento puramente sociológico não seja suficiente para motivar uma interpretação jurídica, é certo que as normas jurídicas contêm previsões genéricas e abstratas de determinados fatos (fatos jurídicos em sentido lato), recolhidos da realidade. O Direito só pode ser compreendido dentro de determinada realidade em tempo e lugar determinado. Portanto, as regras de Direito do Trabalho e Processo do Trabalho expressam, em certa medida, uma certa realidade, valorada como suficientemente importante para servir de previsão genérica e abstrata de uma norma jurídica. A abstração e a generalidade da norma nunca são totais, e é por esse motivo que se fala em princípios informadores do ordenamento jurídico. Se fosse pura abstração, o Direito não serviria para nada.

A adequação do Processo do Trabalho ao Direito do Trabalho ocorre na passagem do segundo para o primei-

---

[10] Cf. COSTA, Coqueijo - *Direito Processual do Trabalho*, 4ª ed., Ed. Forense, Rio de Janeiro, 1995, p. 13.

[11] Cf. op. cit, p. 106.

ro do Princípio da Proteção. O juiz deve utilizar as normas materiais e as normas processuais como elemento corretor de desigualdades ou, pelo menos, como limitador de eventuais abusos que a parte economicamente mais forte possa cometer em relação à economicamente mais débil.

Realizado o raciocínio anterior a respeito da instrumentalidade do Processo do Trabalho em relação ao Direito do Trabalho, é possível agregar um outro dado: a natureza alimentar do salário. Como foi analisado na primeira parte desse trabalho, o salário tem natureza alimentar, e essa circunstância gera uma série de normas protetivas de direito material. Entretanto, de nada adiantam tais normas, se não houver um instrumento adequado para a sua realização. Por essa razão, uma das principais metas do Processo do Trabalho deve ser a celeridade. O caráter alimentar do salário reforça a necessidade de rapidez processual, sob pena de a norma material perder grande parte da sua efetividade. Como as verbas rescisórias também têm natureza salarial/alimentar, o Processo do Trabalho deve dedicar-lhes especial atenção. Um exemplo disso é a liberação dos valores depositados no FGTS ou a entrega das guias do seguro-desemprego.

Também estão inseridos nesse contexto as medidas cautelares e o instituto da antecipação da tutela. Ambos estão inspirados pelo princípio da celeridade processual e visam a evitar conseqüências negativas diante do perigo de dano irreparável. O ordenamento jurídico, nos dois casos, diante de razoável verossimilhança do direito alegado, opta pela celeridade, relativizando o princípio da segurança jurídica. Em um contexto de crise econômica e desemprego crescente, o juiz deve ponderar os efeitos que a ausência do pagamento das verbas rescisórias pode significar para a possibilidade de sobrevivência digna do trabalhador. A demora na prestação jurisdicional pode levar a danos irreparáveis, como a fome e a delinqüência.

b) Da alegação em juízo do pagamento das verbas rescisórias

O Direito Processual tem um caráter temporal, e desse caráter decorre o ônus processual (em sentido lato). Pode-se exemplificar tal ônus nas instituições da preclusão e do ônus da prova. A parte tem que obedecer a certas limitações temporais (prazos) para praticar certos atos, sob pena de preclusão. Passado o lapso temporal que lhe foi assinado, não mais pode praticá-lo. Também tem que provar as alegações que faz, segundo os termos da lei.[12] Se alega algo em juízo, e a controvérsia se restringe à matéria de fato, deve haver produção de prova.

Ao lado do ônus processual está a responsabilidade pelas alegações deduzidas. O Processo tem caráter público e representa um custo para a sociedade. De outro lado, o Processo é indispensável para manter um Poder do Estado para a resolução de litígios. Portanto, as alegações em juízo devem ter fundamentos razoáveis e não podem ser feitas por má-fé ou com natureza graciosa. Em outras palavras, demandar em juízo exige responsabilidade, razoabilidade e boa-fé. Se alguém propõe uma demanda de maneira irresponsável, ou se opõe injustificadamente a ela, deve ser responsabilizado.

Quando o empregador alega em juízo que efetuou o pagamento dos salários, deve demonstrá-lo em juízo através de recibos, na forma determinada pelo art. 464 da CLT. Se alega o pagamento das parcelas rescisórias, deve proceder da mesma maneira.

Estão aparecendo casos, porém, em que o empregador alega que as parcelas rescisórias foram pagas, sendo

---

[12] Ressalte-se a existência da discussão sobre a aplicabilidade dos artigos 818 da CLT e o art. 333 do CPC, no que diz respeito ao ônus da prova no processo do Trabalho.

solicitado em audiência prazo para a juntada do respectivo recibo de rescisão. Passado o prazo deferido em audiência, verifica-se que nenhum documento foi juntado, pois a alegação, eivada de má-fé, apenas visava a enganar o Poder Judiciário e aproveitar-se do prazo que intermedeia as chamadas "audiência inaugural" e a "audiência de instrução".

Como proceder nessas circunstâncias? Parece evidente que houve uma quebra do princípio da boa-fé. A alegação é mentirosa e desleal. Uma situação é a empresa estar passando por dificuldades financeiras e admitir em juízo que não pagou as parcelas rescisórias, dispondo-se a uma conciliação. Outra, totalmente distinta, é a alegação mentirosa do pagamento. Para esse segundo caso, o juiz deve declarar a litigância de má-fé, nos termos do art. 18 do CPC. Há respeitável doutrina no sentido de, inclusive, declarar a solidariedade do advogado em tal hipótese,[13] com comunicação ao Ministério Público e à OAB, para os respectivos atos de denúncia e inquérito.

c) *A alegação habitual de Justa Causa do Empregado.*

Uma última reflexão a respeito de um caso concreto. Algumas empresas reiteradamente utilizam as alegações de justa causa, para esquivarem-se da responsabilidade do pagamento das parcelas rescisórias. Trata-se de um artifício no qual são "fabricados" fatos ensejadores da resolução contratual, na forma do art. 482 da CLT. Evidentemente, é possível a existência de rompimento contratual por fato doloso ou culposamente grave do empregado. Entretanto, é razoável imaginar que somente uma minoria das rupturas contratuais ocorra por essa via. Se fosse possível aproximar o raciocínio do Direito Penal, poder-se-ia afirmar que a grande maioria dos indivíduos não comete delitos na vida normal da socie-

---

[13] Cf. ANDRADE, Dárcio Guimarães, Revista JT, n° 182, fev/99, p. 85/89.

dade. Assim, pode ser feita analogia de somente uma minoria dos contratos no âmbito do Direito Civil que são descumpridos e ensejam pedidos de reparação. Portanto, seguindo esse raciocínio, é possível pensar que somente uma minoria dos contratos de trabalho é descumprida de uma forma grave, a ensejar a sua resolução por justa causa.

Se uma empresa nitidamente alega justa causa no término contratual, algo está errado. Como foi afirmado anteriormente, é normal um certo número de resoluções contratuais por justa causa, mas essa quantidade não pode ultrapassar os limites do razoável. Assim, no caso de reiteradas alegações de rompimento por justa causa, é conveniente declinar maior atenção, pois aí há um sério indício de má-fé, o que pode configurar, inclusive, o delito previsto no art. 203 do Código Penal.

Na esfera processual, a alegação reiterada e fraudulenta de justa causa constitui fato motivador para aplicação da pena de litigância de má-fé. No Direito Penal, caracteriza o crime de Frustração de Direito Assegurado por Lei Trabalhista (art. 203, *caput*). É indispensável, nesse caso, o nexo entre a privação do exercício do direito e o meio fraudulento ou violento empregado.[14]

O juiz, ao deparar-se com tal problema, deverá declarar a nulidade da resolução contratual (art. 9º da CLT), oficiar ao Ministério Público para que ofereça denúncia (art. 203 do CP) e aplicar a pena de litigância de má-fé, em face da reiteração do procedimento.

Bibliografia

Os comentários à bibliografia utilizada servem para situar o leitor nas fontes utilizadas para a realização do

---

[14] Cf. SANTOS, Altamiro J. dos - *Direito Penal do Trabalho*, Ed. LTr, São Paulo, 1997, p. 931.

presente trabalho. Não são indicações exaustivas, mas apenas referências, que, muitas vezes, indicam preferências pessoais.

No que tange ao tema do Direito Subjetivo e Direito Potestativo, referem-se duas obras de HANS KELSEN. A primeira, mais antiga, traz um profundo estudo sobre o tema: *Problemas Capitales de la Teoría Jurídica del Estado*, Ed. Porrúa, México, 1987. A segunda é a clássica *Teoria Pura do Direito*, 2ª ed., Ed. Martins Fontes, São Paulo, 1987. No Direito brasileiro, a melhor exposição sobre Direito Subjetivo/Direito formativo está em PONTES DE MIRANDA, F. *Tratado de Direito Privado*, Ed. Borsoi, Rio de Janeiro, 1964, Tomos II e III.

A terminologia usada no que diz respeito às terminações do Contrato de Trabalho é retirada de CATHARINO, José Martins. *Compêndio de Direito do Trabalho*, 3ª ed., Ed. Saraiva, São Paulo, 1982, vol. II, e de GOMES, Orlando e GOTTSCHALK, Elson. *Curso de Direito do Trabalho* - Ed. Forense, Rio de Janeiro, 1990.

Sobre o tema da Boa-Fé, utilizam-se noções do próprio autor (*A Boa-fé no Contrato de Emprego*, Ed. LTr, São Paulo, 1996) e de alguns clássicos sobre o tema, conforme indicados: CORDEIRO, Antônio Manuel Menezes. *Da Boa-fé no Direito Civil*, Ed. Almedina, Coimbra, 1984 e WIEACKER, Franz. *El Principio General de La Buena Fe*, Ed. Civitas, Madrid, 1977. A noção de obrigação como processo pode ser encontrada em COUTO E SILVA, Clóvis V. *A obrigação como Processo*, José Bushatsky Editor, São Paulo, 1976, e em GOMES, Orlando. *Transformações Gerais do Direito das Obrigações*, 2ª ed., Ed. RT, São Paulo, 1980.

As Concepções de Trabalho Excedente/Trabalho Necessário têm sua origem na obra de MARX, Karl. *O Capital*, 2ª ed., Ed. Nova Cultural, São Paulo, 1985, v. I. As noções econômicas de trabalho e desemprego estão em McCONNELL, Campbell R. e BRUE, Stanley L. *Economía Laboral*, Ed. McGraw-Hill, Madrid, 1997.

A idéia de Trabalho como Bem Escasso foi retirada de um ciclo de conferências do Prof. MANUEL ALONSO OLEA, publicado sob o título de *El Trabajo como Bien Escaso y La Reforma de su Mercado*, Ed. Civitas, Madrid, 1995.

A bibliografia sobre Antecipação de Tutela e Processo Cautelar no Processo do Trabalho é bastante significativa. Destacam-se, por preferências pessoais, as seguintes obras: CORRÊA, Alcione Niederauer. *Das Ações Cautelares no Processo do Trabalho*, Ed. LTr, São Paulo, 1977; MALLET, Estêvão. *A Antecipação da Tutela no Processo do Trabalho* - Ed. LTr, São Paulo, 1998 e CASTELO, Jorge Pinheiro. *Tutela Antecipada (no Processo do Trabalho)*, Ed. LTr, São Paulo, 1999, v. II.

No âmbito da justa causa, a fonte inicial é CATHARINO, José Martins, *op. cit.*, v. II, e MORAES FILHO, Evaristo. *A Justa Causa na Rescisão do Contrato de Trabalho*, 3ª ed., Ed. LTr, São Paulo, 1996.

Por derradeiro, no que se refere ao art. 203 do Código Penal, as fontes consultadas foram: SANTOS, Altamiro J. dos. *Direito Penal do Trabalho*, Ed. LTr, São Paulo, 1997; MAGALHÃES NORONHA, E. *Direito Penal*, 6ª ed., Ed. Saraiva, São Paulo, 1973, v. 3; JESUS, Damásio E. de. *Direito Penal* - 10ª ed., Ed. Saraiva, São Paulo, 1994, v. 3; e MIRABETE, Julio Fabbrini. *Manual de Direito Penal*, 3ª ed., Ed. Atlas, São Paulo, 1987, v.2.

15. Os pressupostos da democracia na obra de Hans Kelsen

Introdução

Poucos teóricos do Direito poderiam ser comparados a Hans Kelsen. Sua importância para a compreensão de fenômenos básicos da ciência jurídica é imensa. Como estudioso do fenômeno jurídico, pretende dar ao Direito caráter de disciplina científica, libertando-o de suas imprecisões e confusões. Mais do que isso, lança suas análises para além do fenômeno jurídico e se debruça a estudar o Estado como uma totalidade. Hans Kelsen foi um filósofo do Estado, mais do que um teórico do Direito, o que abre as portas para a conexão com outros campos do conhecimento. Em seus escritos, demonstra extremo domínio da Filosofia tradicional, em especial a Filosofia do Conhecimento, a qual utiliza como base para toda a sua argumentação. Nos estudos sobre o Estado e a Democracia, usa com extrema profundidade conceitos da Ciência Política e da Sociologia. Nas suas análises sobre a Justiça, enfrenta temas da Moral, da Ética Psicológica, da Religião e, novamente, da Filosofia, com acuidade e profundidade. Enfim, poucos pensadores atingiram tão elevado grau de conhecimento e trataram de temas tão importantes com tamanha seriedade e competência.

Na mesma proporção da envergadura e transcendência de sua obra, foram as críticas que recebeu e ainda recebem as suas idéias. Hans Kelsen é um autor de leitura obrigatória para qualquer pesquisador do Direito ou de qualquer outro ramo da ciência que se dedique a estudar as normas jurídicas, o Estado ou as relações internacionais. Por esse motivo, muito se defende e muito se critica o conteúdo de sua obra, talvez até pela clareza e contundência de sua exposição. Na medida em que não que se furta a enfrentar temas polêmicos, toca em pontos até então pacíficos, para expor seus pensamentos de forma a desfazer confusões ou propor novos modelos, ainda que custe à doutrina tradicional a derrubada de todo um "edifício" teórico penosamente construído. Exemplo disso são as suas concepções de direito subjetivo, inexistência de divisão entre direito público e direito privado, e a vinculação positiva da Administração à lei, entre outros. Seja por originalidade, seja por contundência, o certo é que as idéias de Kelsen não deixam os seus estudiosos inertes: sempre provocam reações.

O estudo da Democracia não é muito volumoso na obra de Kelsen, o que não implica que não seja importante e que a ele não tenha dedicado algumas de suas melhores reflexões. Os dois melhores estudos que faz sobre o tema - "Essência e Valor da Democracia" e "Fundamentos da Democracia" - correspondem a épocas distintas de seu pensamento. O primeiro, escrito em 1928 e ampliado em 1929, demonstra a influência direta do neokantismo sudocidental alemão que também aparece na sua primeira versão da "Teoria Pura do Direito", sua obra mais célebre, publicada em 1934. Também está situado no contexto da República de Weimar e dos debates internos que Kelsen manteve em defesa do Parlamentarismo[15] e do controle direto de constituciona-

---

[15] Sobre o tema, ver O Problema do Parlamentarismo, "in" A Democracia, Ed. Martins Fontes, São Paulo, 1993, p. 109/135.

lidade.[16] Nesse texto, estão delineadas suas idéias sobre os conceitos básicos que formam a Democracia, como "povo", "Parlamento", "princípio da maioria", "Liberdade", entre outros.

O segundo estudo é o que vai ser analisado no presente trabalho. "Fundamentos da Democracia" foi publicado nos anos 1955/1956. O contexto histórico é totalmente diverso do primeiro. Também o lugar onde vivia o autor já não era o mesmo. Na época em que foi publicado o primeiro texto ("Essência e Valor da Democracia"), o mundo vivia os conflitos ideológicos que levaram à Segunda Guerra Mundial. Kelsen, nas décadas de 20 e 30, morou em Áustria, Tchecoslováquia e Alemanha. Estava, por essa razão, no centro dos debates que levaram à radicalização do nazismo, tendo sofrido pessoalmente a perseguição racista, pelo fato de possuir a condição de judeu. No meio do turbilhão político que varreu a Europa nesse período, Kelsen defendeu idéias clássicas de Democracia parlamentarista e a existência de um Tribunal Constitucional como defensor da Constituição. O segundo texto, por outro lado, foi escrito quando o autor já morava nos Estados Unidos, depois de breve passagem pela Inglaterra, na década de 50. Ainda que seja um texto basicamente de Ciência Política, cabe ressaltar que foi escrito em um contexto jurídico totalmente distinto, pois, enquanto Áustria, Alemanha e Tchecoslováquia têm seus sistemas jurídicos inseridos na tradição romano-germânica, Estados Unidos e Inglaterra são tributários da tradição da *common law*. Ainda que sua análise esteja centrada em elementos da Ciência Política, cabe ressaltar que Kelsen entende o Estado como sendo o próprio ordenamento jurídico e, por essa razão, a influência do sistema jurídico no qual passou a viver se faz sentir na sua concepção política. Uma prova

---

[16] Sobre o tema ver *Quién debe ser el Defensor de la Constitución?*, Ed. Tecnos, Madrid, 1995.

disso são as modificações feitas na segunda edição da "Teoria Pura do Direito", publicada na década de 60, onde o autor revela o impacto de algumas idéias presentes na tradição jurídica anglo-saxônica, que, aliás, já haviam aparecido na sua "Teoria Geral do Direito e do Estado" (década de 50). Também no plano ideológico, o segundo texto revela a influência do debate do seu tempo. Quando Kelsen aborda a questão pertinente sobre Democracia e Economia, os parâmetros por ele lembrados são a Economia liberal e seus defensores (Hayeck e Schumpeter) e a Economia socialista da União Soviética de então. Vale a pena lembrar que, na década de 50, o regime de Stalin estava no seu auge e, nos Estados Unidos, o "Macartismo" era uma realidade que o autor tinha de levar em consideração. Não se quer afirmar que Kelsen critique o modelo teórico do socialismo soviético somente depois da Segunda Guerra Mundial, como tributo ao país que lhe acolheu como perseguido de guerra. Na verdade, o autor já havia analisado a doutrina marxista bem antes.[17] Apenas, é possível perceber que Kelsen volta sua atenção para o modelo socialista (URSS) que se defendia então, em detrimento do modelo nazi-fascista, que havia sido derrotado militarmente na grande guerra. Trata-se, portanto, de uma questão de oportunidade.

Ainda um outro aspecto deve ser lembrado na doutrina "kelseniana" a respeito da Democracia, ou seja, a influência que tem a sua concepção de Justiça. Para o autor, a atenção que dedica ao estudo da Democracia é uma conseqüência natural de suas reflexões sobre a Justiça. Kelsen situa o debate sobre a Justiça, no plano filosófico, entre duas correntes de pensamento: o idealismo (que chama de absolutismo filosófico) e o relativismo. No plano da Ciência Política, tenta construir as

---

[17] Cf. Manero, Juan Luiz - Sobre la Crítica de Kelsen al Marxismo, in *El Otro Kelsen*, Ed. Universidad Nacional Autónoma de México, México, 1989, p. 112.

noções correlatas de absolutismo político e relativismo político. O primeiro modo de pensar leva à defesa da existência de uma Justiça absoluta, de caráter transcendente, que está acima da recionalidade humana. O Direito positivo apenas seria válido se estivesse de acordo com o esse ideal de Justiça. Como Kelsen identifica o Estado com o ordenamento jurídico, também a sua legitimação estaria na dependência desse ideal, segundo sua interpretação do que ele mesmo chama de absolutismo filosófico.

Por outro lado, para aqueles que acreditam no relativismo filosófico, nos quais o próprio Kelsen se inclui, não há um conceito de Justiça absoluta, partindo-se da premissa de que o Direito é uma ciência, e de que toda a ciência deve ser fruto da racionalidade humana (caráter imanente). Não fazendo parte da Religião, que tem caráter transcendente e, por esse motivo, pode crer no dogma da existência de uma Justiça absoluta, o Direito deve se contentar com a possibilidade de existência de uma Justiça relativa. Como cada ser humano tem a sua própria visão do mundo e a sua própria concepção de Justiça, a melhor possibilidade de conviver em sociedade e buscar o seu equilíbrio está no procedimento que permita a participação do maior número possível de indivíduos nas decisões políticas. Esse método é a Democracia.

Situado o contexto histórico e filosófico no qual se desenvolve o estudo de Kelsen sobre a Democracia, é hora de ver qual o conteúdo de suas investigações.

I - Pressupostos da teoria democrática de Kelsen

O plano de abordagem de Kelsen para o tema dos pressupostos da Democracia consiste em três divisões: primeiro, estuda as relações entre Democracia e Filosofia; depois, Democracia e Religião e, por último, Democracia e Economia. Certamente que outras possibilidades de análise não estão excluídas, porquanto a Democracia permite infinitas possibilidades de estudo, segundo os mais diversos ângulos. É certo, porém, que os três ângulos escolhidos por Kelsen (Filosofia, Religião e Economia) são da mais alta importância. A seguir, a exposição utilizará a mesma ordem de análise.

A) Democracia e filosofia

A distinção entre absolutismo filosófico e relativismo filosófico é um dos pontos-chave, para que se entenda o raciocínio "kelseniano". Para compreender o porquê dessa afirmação, é preciso buscar os trabalhos do autor relativos ao Direito e à preocupação que expressa em erigir tal disciplina ao caráter científico, utilizando, para tanto, os conceitos da Filosofia do conhecimento.

Uma das bases de seu pensamento consiste na separação entre ser e dever-ser. São dois campos do conhecimento, sendo que o primeiro é regido por relações de causalidade (SER) e o segundo, por relações de imputação (DEVER-SER).[18] A manutenção dessa dicotomia é fundamental para a construção do seu positivismo normativista e, sobretudo, para defender os postulados do relativismo filosófico, em contraposição ao que chama de absolutismo filosófico (idealismo).

O debate entre absolutismo e relativismo filosófico, longamente estudado na sua "Teoria Pura do Direito", faz com que surjam reflexos, quando o autor se lança ao estudo da Democracia. Por ser um tema filosófico fundamental, Kelsen chama a atenção para as suas conexões com outros campos do conhecimento. Afirma que, "desde que Aristóteles apresentou sua Política como a segunda parte de um tratado cuja primeira parte era a Ética, a estreita ligação entre a teoria política e aquela parte da Filosofia que chamamos de Ética, tornou-se

---

[18] Cf. *Teoria Pura do Direito*, 2a. ed., Ed. Martins Fontes, São Paulo, 1986, p. 5.

ponto pacífico". "Mas", prossegue o autor, "também existe uma certa afinidade menos reconhecida em termos gerais entre a teoria política e outras partes da Filosofia como, por exemplo, a Epistemologia, ou seja, a Teoria do Conhecimento e a Teoria dos Valores".[19] Ao relacionar Epistemologia e Teoria Política e, por conseguinte, o tema da Democracia, o que deseja é demonstrar que a verdadeira forma democrática de governo é aquela que se baseia em um relativismo filosófico que permita o debate da pluralidade de idéias, sem que nenhuma parta do pressuposto de que está em um patamar mais elevado do que a outra. Para fundamentar essa posição, é preciso ver como o autor define o absolutismo filosófico, e como define o relativismo.

Kelsen afirma que o absolutismo filosófico parte do pressuposto da existência de uma verdade absoluta e de valores absolutos. Tais premissas são negadas pelo relativismo filosófico, que só admite uma verdade relativa e valores relativos. No absolutismo filosófico, os juízos sobre a realidade só poderão almejar a verdade absoluta se remeterem, em última instância, a uma existência absoluta, isto é, afirmando a sua veracidade, não apenas em relação aos seres humanos enquanto sujeitos que julgam (ponto de vista da razão humana), mas também do ponto de vista de uma razão sobre-humana e divina, a razão absoluta.[20] No seu raciocínio, se existe uma verdade absoluta, essa deve coincidir com um valor absoluto, e o absoluto implica necessariamente a perfeição. Diante dessas premissas de raciocínio, chega à conclusão de que a metafísica do absolutismo filosófico apresenta uma tendência irresistível à religião monoteísta.[21] Essa metafísica tende a identificar a verdade, isto é, a conformidade com a realidade, com a Justiça, no

---

[19] Cf. Fundamentos da Democracia, in A Democracia, Ed. Martins Fontes, São Paulo, 1993, p. 161.
[20] idem, p. 164.
[21] idem, ibidem.

sentido de conformidade com um valor. Daí afirmar-se, segundo uma corrente filosófica, que um juízo sobre o que é justo ou injusto pode ser tão absoluto quanto um juízo sobre o que é verdadeiro ou falso.[22]

O relativismo filosófico, por outro lado, enquanto empirismo (ou positivismo) antimetafísico, insiste em uma clara separação entre realidade e valor e faz uma distinção entre proposições sobre a realidade e juízos de valor genuínos que, em última instância, não são baseados em um conhecimento racional da realidade, mas nos fatores emocionais da consciência humana, nos desejos e nos temores do homem.[23] Uma vez que não remetem a valores de uma realidade absoluta, não podem estabelecer valores absolutos, mas apenas relativos. Uma filosofia relativista, segundo Kelsen, é decididamente empirista e racionalista e, em decorrência disso, tem uma franca inclinação ao ceticismo.[24]

Kelsen vai mais adiante na questão. Diz que a hipótese de que a afirmação proposta pelo absolutismo filosófico de que é possível uma existência absoluta que independa do conhecimento humano leva ao pressuposto de que a função do conhecimento é simplesmente refletir, como um espelho, os objetos que existem em si mesmos. Opõe-se a essa formulação, dizendo que a epistemologia relativista interpreta o processo de conhecimento como a criação de seu objeto. Aqui aparece a influência de Kant, numa concepção que implica o homem como criador de seu mundo, no momento em que é o criador do processo cognitivo. Vive-se em um mundo constituído pelo conhecimento ou, seja, o ho-

---

[22] idem, p. 165.

[23] idem, ibidem. KELSEN relaciona, na esfera do dever-ser, a relação de imputação com a idéia de sanção, que pode ser positiva (prêmio) ou negativa (castigo, pena). Daí a relação de prazer ou desprazer que justifica a afirmação de que, em última análise, os juízos de valor no relativismo filosófico derivam, não de uma verdade absoluta (absolutismo filosófico) ou da racionalidade humana, mas sim de fatores emocionais da consciência.

[24] idem, ibidem.

mem é, epistemologicamente, o criador de seu mundo. Essa afirmação não quer dizer que o processo de conhecimento tenha um caráter arbitrário. A constituição do objeto de conhecimento pelo processo cognitivo não significa que o sujeito crie o objeto do mesmo modo que Deus cria o mundo. Há uma correlação, diz Kelsen, entre o sujeito e o objeto do conhecimento.[25] Existem leis normativas que determinam esse processo, e o agir do sujeito que constrói o conhecimento é objetivo. As normas, porém, se originam na mente do ser humano, tendo o sujeito do conhecimento por legislador autônomo e, portanto, a liberdade do sujeito cognoscitivo é uma condição prévia fundamental da teoria relativista do conhecimento. Essa liberdade deve ser interpretada como autodeterminação, não como uma liberdade metafísica da vontade. O absolutismo filosófico, se for consistente, deverá, segundo o autor, conceber as normas que regulam a descoberta do conhecimento como algo heterônomo, isto é, como algo externo ao sujeito cognoscitivo.[26]

Do que foi visto, é possível perceber porque o autor se empenha em defender a Democracia como sistema político compatível com o relativismo filosófico que defende. Uma filosofia absolutista teria a propensão a impor sua verdade, conduzindo a um sistema autocrático com muito mais facilidade, cuja concentração de poder estaria representada na monarquia absoluta, que, concentrando todos os poderes, também concentraria o monopólio da verdade e dos valores absolutos. Não é por outra razão que muito da teoria política da Idade Média justifica o poder do soberano na atribuição divina.

A democracia contrapõe-se à tradição filosófica idealista e somente pode ser justificada com base no relativismo. Entretanto, apenas afirmar que existem va-

---

[25] idem, ibidem.

[26] idem, p. 165/166.

lores relativos, e que o objeto do conhecimento é construído a partir do método de investigação escolhido não é suficiente para garantir a convivência pacífica em sociedade ou mesmo a existência da própria sociedade. Um relativismo radical levaria ao isolamento de cada ser humano, impossibilitando a convivência. Para solucionar esse problema, Kelsen introduz o conceito de tolerância. A tolerância política tem as suas raízes no tipo democrático de personalidade, aproximando o estudo do tema da Psicologia. Diz o autor que, de um ponto de vista psicológico, a síntese da liberdade e da igualdade, característica essencial da Democracia, significa que o indivíduo (o ego) deseja a liberdade não apenas para si mesmo, mas também para os outros (para o *tu*). E isso só é possível se o ego deixa de se perceber como algo único, incomparável e irreprodutível, mas, ao menos em princípio, como igual ao *tu*. O *ego* só poderá honrar a pretensão do *tu*, ser também um *ego*, se o indivíduo não considerar como essenciais as inegáveis diferenças existentes entre ele e o outro e se o ego, ou autoconsciência, sofrer uma redução parcial pelo sentimento de igualdade com os outros. Essa situação é, segundo Kelsen, exatamente igual à situação de uma filosofia relativista.[27]

Conectado o princípio da tolerância, desde o ponto de vista psicológico, com a filosofia relativista, é preciso arrematar o raciocínio desde o ponto de vista político. Então, o autor afirma que, uma vez que os princípios da liberdade e da igualdade tendem a minimizar a dominação, a Democracia não pode ser uma dominação absoluta, nem mesmo uma dominação absoluta da maioria. Pois uma dominação pela maioria do povo distingue-se de qualquer outra dominação pelo fato de que ela não apenas pressupõe, por definição, uma oposição (isto é,

---

[27] *idem*, p. 180.

uma minoria), mas também porque reconhece a sua existência politicamente e protege os seus direitos.[28]

A existência de uma maioria e de uma minoria pressupõe o debate entre ambas e a periodicidade no exercício do poder. O debate político ocorre num contexto de publicidade. A tendência de revelar fatos, segundo Kelsen, é especificamente democrática e essa tendência leva a uma interpretação superficial e malévola dessa forma de governo e que induz a pensar que a corrupção é mais freqüente na Democracia do que na Autocracia.[29] Na verdade, o que ocorre é que a Democracia pressupõe a publicidade de seus debates e de seus atos e, por essa razão, há maior transparência no exercício da atividade política, ao passo que a Autocracia encobre fatos ou debates que não estão de acordo com os seus interesses. Segundo o autor, em um regime autocrático não há medidas de controle, que, supostamente, apenas contribuem para diminuir a eficiência do governo, nem tampouco publicidade. Existe apenas o enorme empenho de ocultar tudo que possa ser prejudicial à autoridade do governo e minar a disciplina dos oficiais e a obediência dos cidadãos.[30]

Quanto à periodicidade no exercício do poder, Kelsen pensa que em uma Democracia, uma vez que o governo não possui caráter sobrenatural e não há justificação do poder através de elementos transcendentes, o governante é designado através de um processo racional e publicamente controlado, não havendo o monopólio permanente de uma só pessoa. A publicidade, a crítica e a responsabilidade não permitem que um governante seja irremovível, sendo a Democracia caracterizada pela mudança mais ou menos rápida do governo. Nesse sentido, tem natureza dinâmica.[31]

---

[28] *idem*, p. 182/183.
[29] *idem*, p. 187.
[30] *idem, ibidem*.
[31] *idem*, p. 188.

A justificativa que Kelsen dá para relacionar Democracia e relativismo filosófico é de que a tolerância, o direito das minorias, a liberdade de expressão e pensamento, componentes tão característicos de uma Democracia, não têm lugar em um sistema político baseado na crença em valores absolutos.[32] Se, contudo, for admitido que somente os valores relativos são acessíveis ao conhecimento humano e à vontade humana, será justificável impor uma ordem social a indivíduos relutantes, desde que essa ordem esteja em harmonia com o maior número possível de indivíduos iguais, ou seja, com a vontade da maioria.[33] Mas pode ocorrer que a vontade da maioria esteja equivocada, e que a vontade da minoria é que seja a mais apropriada. Nesse caso, diz o autor, só o relativismo filosófico pode admitir que a minoria expresse livremente a sua opinião e, com a força de seus argumentos, possa a se tornar maioria.[34]

B) *Democracia e Religião*

A abordagem que Kelsen faz das relações entre Democracia e Religião está de certo modo influenciada pela discussão exposta nos parágrafos anteriores entre relativismo e absolutismo filosófico e suas conseqüências no campo da teoria política. Parte do pressuposto de que, do ponto de vista da teoria do conhecimento, o conceito de Deus se apresenta como a personificação da ordem no mundo.[35] O problema é que Kelsen justifica a Democracia em valores relativos, isto é, para ele, a Democracia é fruto de valores oriundos da racionalidade humana e, por esse motivo, a decisão sobre o valor social a ser posto em prática fica a cargo do indivíduo atuante na realidade política. Com isso, o indivíduo não

---
[32] *idem*, p. 202.
[33] *idem*, p. 202/203.
[34] *idem*, p. 203.
[35] Cf. Dios y Estado, *in El otro Kelsen, op. cit.*, p. 252.

tira, nem pode tirar, de seus ombros o peso dessa séria responsabilidade.[36] Em certa medida, Kelsen mantém essa posição em relação a toda a Ciência e, em especial, em relação ao Direito, quando afirma que ele, ao ser fruto da racionalidade humana, será sempre limitado e arbitrário.[37] Há de se reconhecer que o autor coloca no ser humano a responsabilidade de seu destino, caracterizado pelo pensamento de que a ciência é algo imanente, sempre em oposição ao caráter transcendente da Metafísica e, por conseqüência, da Religião.[38]

Segundo Kelsen, as críticas que recebe a posição que defende o relativismo e, como visto, que coloca no ser humano a responsabilidade de suas decisões, partem de certas pessoas que não são capazes, nem estão dispostas a aceitar a responsabilidade da decisão sobre o valor social posto em prática, sobretudo em uma situação na qual sua decisão pode ter conseqüências fatais para o seu bem-estar pessoal. Portanto, assevera o autor, tentam transferir a responsabilidade de sua própria consciência para uma autoridade extrínseca com competência para dizer-lhes o que é certo e o que é errado, para dar uma resposta à sua pergunta: o que é Justiça? - em busca de uma justificação incondicional em cujos termos desejam apaziguar a sua consciência. A autoridade que buscam é encontrada na religião.[39] Através da Religião, se impõe o dogma e a fé sobre a curiosidade científica, e a verdade aparece como um valor absoluto e indiscutível.

O interesse de Kelsen, ao abordar o tema da Religião, também é defender-se das críticas que recebe por parte de alguns teólogos jusnaturalistas, de que o positivismo relativista conduziu ao totalitarismo nazi-fascista.

---

[36] Cf. *Fundamentos da Democracia, op. cit*, p. 206.

[37] Cf. *Teoria Pura do Direito, op. cit.*, 19.

[38] *idem*, p. 31/32. O raciocínio de KELSEN nesse ponto, refere-se à natureza das sanções. Ver, sobre o mesmo tema, do mesmo autor, *Teoria Geral do Direito e do Estado*, Ed. Martins Fontes, São Paulo, 1990, p. 23/24.

[39] Cf. *Fundamentos da Democracia, op. cit.*, p. 206.

Refere-se especificamente aos teólogos protestantes Emil Brunner e Reinhold Wiebuhr. Em linhas gerais, a acusação é a de que o relativismo levaria ao niilismo moral (Wiebuhr) ou à destruição da idéia de Justiça, com a sua negação do metafísico e do sobre-humano (Brunner). Como foi visto, Kelsen coloca a tolerância como um dos elementos essenciais da Democracia. Segundo sua forma de pensar, a idéia de tolerância só é possível em uma filosofia de valores relativos. Uma filosofia de valores absolutos não admite discordância e, por isso, seria uma contradição lógica. Exatamente por essas características é que identifica uma tendência das filosofias absolutistas ao monoteísmo religioso. Assim, a tolerância se conecta diretamente à racionalidade e, se na condição de membro do governo de um Estado, os homens que compartilham uma crença religiosa definida adotam uma política de tolerância com relação a outras religiões, sua decisão não é determinada pela crença religiosa e irracional no absoluto, mas por um desejo extremamente racional de manter a paz e a liberdade na comunidade.[40]

Kelsen defende-se dos ataques dirigidos à sua forma de pensar, dizendo que a interpretação que os metafísicos fazem da filosofia positivista é equivocada. O fato de toda a verdade ser relativa não significa a inexistência da verdade, assim como o ponto de vista de que todos os valores morais são apenas relativos não significa a inexistência absoluta de valores morais. A vida, segundo suas palavras, não é destituída de sentido para aquele que admite que outros possam atribuir à vida um significado diferente daquele por ele próprio atribuído. O fato de uma filosofia racionalista recusar-se a preencher a esfera transcendental além da experiência humana, com os produtos de uma imaginação alimenta-

---
[40] Cf. *Fundamentos da Democracia*, op. cit., p. 242.

da pelos desejos e temores do homem não é, de modo algum, responsável pela ascensão das religiões demoníacas. Kelsen afirma, com total coerência, que impedir o avanço de tais religiões não é tarefa da filosofia positivista, que se mantém à parte de qualquer tipo de religião. O "vácuo espiritual" deixado para ser preenchido por uma religião demoníaca está na esfera transcendental que não pode ser reivindicada pela filosofia positivista. No que tange ao fenômeno da "religião nazista", o autor diz que o espaço ocupado por esse tipo de pensamento é decorrente da falta de atuação do cristianismo. A "religião nazista" é apenas a superestrutura ideológica de um movimento concreto que tem suas causas em fatos político-econômicos, e não na insuficiência de um sistema político ou religioso. E esse movimento chegou ao seu desfecho através de fatos incontestáveis, e não através de uma filosofia ou religião aperfeiçoada.[41]

Outro ponto importante é a análise feita na obra de Jacques Maritain, teólogo católico, que tenta associar Democracia ao cristianismo, afirmando que tal concepção política pode ser deduzida dos ensinamentos do evangelho. Kelsen não concorda com essa afirmação porque, segundo ele, o cristianismo é indiferente aos sistemas políticos, uma vez que Cristo distingue entre questões políticas e religiosas.[42] No fundo, o autor entende ser possível a instauração de um sistema democrático em qualquer Estado, independentemente de religião.[43]

Quanto ao mandamento do amor ao próximo, típico da moralidade cristã, Kelsen entende que é inaplicável à realidade política. O princípio assevera que se deve abrir mão da represália, e não retribuir o mal com o mal,

---

[41] idem, p. 243.

[42] idem, p. 245. Refere-se à expressão "Dai a César o que é de César e a Deus o que é de Deus".

[43] idem, p. 247.

mas retribuir o mal com o bem, e não apenas amar o próximo, mas também amar o inimigo, o que significa não punir quem pratica o mal, mas perdoá-lo. Isso, segundo seu modo de pensar, choca-se com a natureza do Estado, enquanto ordem jurídica geradora de leis coercitivas a serem aplicadas aos infratores da lei.[44]

C) Democracia e Economia

Prosseguindo no estudo dos pressupostos da Democracia para Hans Kelsen, é hora de ver quais são as suas idéias, no que diz respeito às relações entre o sistema democrático e a Economia. O problema fundamental, anuncia o próprio autor, está na questão de se determinar se existe uma relação essencial entre o sistema político chamado Democracia e um dos dois sistemas econômicos que rivalizam entre si na civilização moderna: o capitalismo e o socialismo.[45] A preocupação do autor não é entrar em minúcias da teoria econômica dos dois sistemas, mas ater-se aos aspectos ideológicos fundamentais, ou seja, aos aspectos políticos do sistema econômico.

Para possibilitar a comparação entre os sistemas econômicos que considera relevantes (capitalismo e socialismo), é preciso ver qual a definição que é dada a ambos pelo autor. A partir dessas definições, torna-se viável a tarefa de verificar a sua compatibilidade com o sistema democrático. Kelsen define o capitalismo como o sistema econômico caracterizado pela propriedade privada dos meios de produção, a livre iniciativa e a concorrência. Acrescenta que pressupõe a liberdade econômica, ou seja, a ausência de intervenção governamen-

---

[44] idem, ibidem.

[45] É preciso contextualizar, outra vez, o tempo em que foi escrito o artigo "Fundamentos da Democracia". Na década de 50, vivia-se o auge da guerra fria, com a construção dos grandes arsenais atômicos dos EUA e da URSS. Também os sistemas econômicos rivalizam em condições de igualdade, dividindo o mundo em blocos.

tal direta na vida econômica.[46] Por socialismo, entende que é o sistema econômico caracterizado pela nacionalização e controle público dos meios e processos de produção e distribuição, com incisivo controle da vida econômica.[47] O fato de o sistema democrático ser compatível com esse ou aquele sistema econômico em comparação com a Autocracia, ou, em outras palavras, que um sistema político democrático ou autocrático seja mais apropriado para determinado sistema econômico (capitalismo ou socialismo), é uma questão em aberto que, segundo seu modo de pensar, somente pode ser respondida pela experiência histórica e que, portanto, nossa experiência concreta não é suficiente para dar uma resposta cientificamente fundamentada. Todas as tentativas de resolver essa questão sofrem a influência de preferências políticas.[48]

Como se pode intuir, analisar relações entre Democracia e Economia constitui tarefa extremamente difícil e, ao mesmo tempo, gratificante, pela superação do desafio que representa. A dificuldade está na imensa quantidade de possibilidades de abordagem, o que, aliás, é muito comum em temas de tal natureza. Para sistematizar a exposição, é necessário eleger algumas partes do pensamento de Kelsen e tomá-las como referência. O ponto de partida para o presente estudo será a concepção de "poder" que tem o autor e sua relação com o direito de propriedade. Depois, serão analisadas as suas concepções de Democracia liberal e Democracia socialista e os seus componentes ideológicos. O terceiro passo será estudar o papel da Economia e a sua relação com a chamada "regra de Direito".

Para entender o sistema democrático, é necessário saber qual a relação de poder que envolve o seu funcio-

---

[46] Cf. *Fundamentos da Democracia, op. cit.*, p. 253.
[47] *idem, ibidem.*
[48] *idem*, p. 254.

namento. Kelsen entende por relação de poder a dinâmica de criação e distribuição da capacidade de influenciar os outros. Uma pessoa tem poder sobre outras se puder levá-las a se comportarem conforme sua vontade.[49] O poder em si não é político nem econômico. O meio de que se utiliza para exercê-lo é que pode ser político ou econômico. No campo da Economia, o meio específico pelo qual se exerce o poder é o processo de produção econômica e distribuição de produtos. Quem controla esse processo são aqueles que detêm o controle dos meios de produção. Em uma ordem política constituída por uma ordem jurídica (Estado), a disposição dos meios de produção deve assumir a forma jurídica da propriedade.[50] Os meios de produção podem estar nas mãos de pessoas privadas (geralmente uma minoria da população), o que é um componente do sistema capitalista: ou podem estar nas mãos do governo, o que caracteriza o sistema socialista. A forma jurídica de distribuição dos produtos econômicos é o contrato, no sistema capitalista, e a adjudicação (direta ou indireta), no sistema socialista. Em ambos os casos, a vida econômica é regida pela criação e aplicação do Direito.[51] Kelsen entende que a liberdade econômica do capitalismo é uma liberdade jurídica, garantida pela lei. Os proprietários privados dos meios de produção não podem exercer o seu poder econômico, se os princípios da propriedade privada e do contrato não forem validamente estabelecidos pelo processo de criação do Direito,

---

[49] *idem*, p. 259.

[50] *idem*, p. 260.

[51] *idem, ibidem*. Essa última afirmação de KELSEN demonstra, entre várias interpretações possíveis, que seu raciocínio está condicionado pelo "jurídico", ou seja, ele coloca o Direito como centro da atividade política e econômica. Certamente que autores de outras áreas não pensariam da mesma maneira, como é o caso dos economistas, mais apegados à idéia de que as relações econômicas é que condicionam as relações jurídicas.

e sua propriedade não for efetivamente protegida pelo processo de aplicação do mesmo.[52] Na Democracia liberal, o exercício do poder econômico depende, em última instância, daqueles que detêm o poder político, pois são eles que podem manter ou abolir o sistema político que constitui um poder econômico específico. A concepção é formal, e o exercício do direito de voto satisfaz a exigência democrática (liberal) de participação. A crítica que a doutrina socialista faz a essa concepção, segundo Kelsen, é que os direitos políticos apenas podem tornar-se significativos se o poder econômico, isto é, a propriedade dos meios de produção for outorgada ao governo, de modo que possa ser exercida de acordo com a vontade da maioria dos detentores dos direitos políticos e no interesse deles.[53] Então, o problema que surge é a forma de apurar a vontade do povo, que é justamente o processo democrático, isto é, eleições com base no sufrágio universal, igualitário, livre e secreto.[54]

Por detrás da discussão entre Democracia liberal e Democracia socialista, o que busca Kelsen é elucidar o papel da liberdade e da igualdade em cada opção. Na Democracia liberal, o elemento mais importante é a liberdade, deixando a igualdade reduzida ao seu aspecto formal (igualdade perante a lei). Por outro lado, a Democracia socialista entende que o valor mais importante é a igualdade compreendida no seu aspecto material ou substancial, ou seja, igualdade econômica. Assim, a Democracia liberal privilegia a participação política formal como expressão da liberdade política (liberdade positiva), combinada com a defesa dos chamados direitos fundamentais (liberdade negativa), geralmente assegurada em uma carta político-normativa denominada

---
[52] idem, ibidem.
[53] idem, p. 261.
[54] idem, p. 261/262.

Constituição. Entre os direitos e garantias fundamentais está o direito de propriedade. A Democracia socialista, por seu turno, privilegia o acesso de todos os cidadãos aos produtos da atividade econômica e admite uma fase inicial de ditadura, a "ditadura do proletariado" para chegar ao almejado comunismo, onde não haverá sequer presença do Estado. Evidentemente que Kelsen não acredita na possibilidade de desaparição completa do Estado, mesmo na hipótese de que se realiza plenamente a utopia da igualdade econômica.[55]

Outro ponto importante das reflexões de Kelsen sobre as relações entre Economia e Democracia é o papel da primeira na conexão com a chamada "regra de Direito". Trata-se de uma análise para a doutrina de alguns economistas, em particular as teses de Hayeck, segundo a qual existe uma necessária ligação entre Democracia e Capitalismo.

Para Hayeck, a "regra de Direito" não pode ser mantida em um sistema econômico socialista. Por "regra de Direito" entende-se o princípio de que as funções administrativa e judiciária do Estado devem ser o máximo possível determinadas por normas gerais preestabelecidas, de tal modo que caiba aos órgãos administrativos e judiciários o mínimo possível em termos de poder discricionário.[56] O intuito da manutenção da "regra de Direito" é evitar um governo arbitrário e assegurar a liberdade. Se o sistema econômico é planificado, a administração não é determinada por normas gerais preestabelecidas e é inevitável um governo arbitrário e, portanto, a perda da liberdade.[57]

Kelsen não concorda com as afirmações de Hayeck. Diz que a "regra de Direito" não garante a liberdade dos indivíduos sujeitos ao governo porque não trata da

---

[55] idem, p. 255/256.

[56] idem, p. 268/269.

[57] idem, p. 269.

relação entre governo e governados, mas de uma relação no âmbito do próprio governo, a relação entre a função criadora do Direito e a função aplicadora do Direito. Seu objetivo é a conformidade da segunda com a primeira. O efeito da regra de Direito é a racionalização da atividade do governo, isto é, dos processos de criação e aplicação do Direito. Seu objetivo não é a liberdade, mas a segurança, a segurança no campo do Direito. Se o problema da Democracia e da Economia for abordado do ponto de vista da racionalização e segurança, deve-se admitir que o socialismo, com a sua economia planificada, conduz exatamente à racionalização do processo econômico e à segurança econômica, em oposição ao capitalismo, o qual com sua produtividade anárquica está longe de garantir a segurança econômica. Esse efeito de uma economia capitalista não pode ser obstado pela "regra de Direito" predominante em uma Democracia capitalista, pois a vida econômica não está diretamente regulada pelo Direito. E a racionalização do processo econômico, juntamente com a segurança econômica, serão alcançados em uma Democracia socialista, mesmo se a regra de Direito não se aplicar à regulamentação jurídica da vida econômica.[58]

O processo de criação/aplicação do Direito e a relação com a denominada "regra do Direito" é descrito por Kelsen. Para ele, a tendência do princípio "regra de Direito" é determinar o quanto possível, através de uma norma geral, o conteúdo das normas individuais a serem promulgadas pelos órgãos administrativos e judiciários. Mas o conteúdo da norma individual nunca pode ser completamente determinado por uma norma geral. Fosse isso possível, a promulgação de normas individuais seria supérflua. Existe sempre um certo grau de poder discricionário a cargo do órgão destinado a aplicar a

---

[58] *idem, ibidem*. A estrutura escalonada das normas jurídicas está exposta por KELSEN no capítulo intitulado Dinâmica Jurídica, da *Teoria Pura do Direito*, op. cit., p. 205/294.

norma geral, que é apenas uma estrutura dentro da qual deve ser criada a norma individual. A norma individual, por seu turno, sempre contém algo de novo e que ainda não está contido na norma geral. Portanto, é inevitável um certo grau de arbitrariedade na aplicação de Direito, que também é necessariamente criação de Direito, pois a norma individual promulgada pelo órgão administrativo ou judiciário é tão legal quanto a norma geral promulgada pelo órgão legislativo. Por outro lado, o poder discricionário do órgão legislativo é praticamente ilimitado. O Parlamento é soberano, e sua soberania é a soberania do povo no âmbito da Democracia representativa.[59] Na verdade, Kelsen reconhece o caráter político dos três âmbitos do poder político do Estado. O caráter político do Poder Judiciário ou da Administração é tanto mais forte quanto mais ampla seja a discricionariedade que a legislação lhe outorga. Quando o legislador autoriza o juiz, dentro de determinados limites, a avaliar os interesses que se opõem e a resolver o conflito a favor de um ou de outro, lhe outorga uma capacidade criadora de Direito e, com isso, um poder que dá à função judicial o caráter "político" que tem a legislação. Entre o caráter político da legislação e o da jurisdição somente existe uma diferença quantitativa, não qualitativa.[60]

Outro problema relacionado com a "regra de Direito" e o processo de criação/aplicação do Direito é a interpretação jurídica. Segundo Kelsen, a aplicação do Direito sempre implica uma interpretação do mesmo pois, sem ela, nenhuma aplicação é possível. Uma vez que as normas gerais a serem aplicadas pelos órgãos administrativos e judiciários são necessariamente expressas em linguagem humana e, tendo em vista que essa é sempre mais ou menos ambígua, tornam-se possí-

---

[59] *idem*, p. 270/271.

[60] Cf. Quién debe ser el Defensor de la Constitución?, *op. cit.*, p. 19.

veis interpretações quase sempre diferentes e, às vezes, contraditórias, de uma mesma norma geral. Por essa razão, no que diz respeito aos indivíduos afetados, o grau de previsibilidade da decisão dos órgãos administrativos e judiciários, mesmo que determinado tanto quanto possível por normas gerais preestabelecidas, não é tão grande quanto imaginam aqueles que confiam no princípio geral de Direito. A segurança jurídica absoluta é uma ilusão e é exatamente para manter essa ilusão na opinião do público que recorre às leis que a jurisprudência tradicional nega a possibilidade de diferentes interpretações, que, de um ponto de vista jurídico, são igualmente corretas, e insiste no dogma de que sempre existirá uma única interpretação correta, determinável pela ciência jurídica.[61]

A conclusão de Kelsen é de que, na medida em que é realizável, o princípio da "regra de Direito" certamente é um complemento da Democracia, mas, em uma Democracia capitalista, não é aplicável ao campo da Economia, uma vez que se trata de campo isento de regulamentação jurídica direta. Por outro lado, o fato de o princípio em questão não poder ser aplicado, ou, pelo menos, aplicado com grande eficácia à administração econômica de um sistema de economia planificada, não significa que o mesmo se acha necessariamente excluído de outros campos de aplicação do Direito de um Estado socialista que, nesse aspecto, pode ter um caráter perfeitamente democrático.[62]

A conclusão final de Kelsen é a de que as tentativas de demonstrar a existência de uma relação essencial entre liberdade e propriedade, assim como todas as outras tentativas de demonstrar uma relação mais estreita entre Democracia e capitalismo, mais do que entre Democracia e socialismo, ou até mesmo a compatibilida-

---

[61] Cf. *Fundamentos da Democracia, op. cit.*, p. 271/272.

[62] *idem*, p. 272/273.

de exclusiva da Democracia com o Capitalismo, falharam. A tese do autor é a de que, enquanto sistema político, a Democracia não está necessariamente vinculada a um sistema econômico específico.[63]

---

[63] *idem*, p. 297.

JOSÉ FERNANDO EHLERS DE MOURA
Juiz Togado aposentado do TRT da 4ª Região
Professor de Direito do Trabalho e Diretor da Fundação
Escola da Magistratura do Trabalho do Rio Grande do Sul
João Antônio Guilhembernard Pereira Leite

16. Sucessão de empregadores

Nascidos ou adquiridos, os direitos nem sempre se conservam como surgiram. A mutabilidade e as transformações subjetivas e objetivas são freqüentes. Reais ou pessoais, mormente os patrimoniais, impera a transmissibilidade. A evolução avançou no sentido da patrimonialização das obrigações, até a ponto de se abolir a prisão por dívidas, o que os romanos ainda não haviam concebido, pois a obrigação, para eles, era pessoal e inconversível. Hoje, é o patrimônio do devedor que responde pelas suas dívidas, e não tanto a sua pessoa física, como no passado.

Nos nossos dias, todos os bens da vida, materiais e incorpóreos, móveis, imóveis ou direitos, são suscetíveis de aquisição derivada através de transmissão ou sucessão, como venda, cessão, doação ou qualquer outra forma lícita de alienação. Apenas excepcionalmente alguns direitos, como os de família, ou decorrentes de relações jurídicas praticadas *intuitu personae*, não são passíveis de alienação ou transferência.

Como assinala Evaristo de Moraes Filho, "opera-se a sucessão quando, numa relação jurídica, se substitui um sujeito por outro, sem alteração do vínculo obrigacional. A relação permanece a mesma, com os mesmos direitos e deveres, aplicando-se aqui, com sobradas razões, a regra do *'nemo plus juris'*. Um se retira, o outro o substitui como que automaticamente, sem maiores conseqüências para a vida da relação. É este, como mostraremos, o conceito clássico de sucessão em direito privado, construído pelos pandectistas durante o século XIX" (*A Sucessão nas Obrigações e a Teoria da Empresa*, Rio de Janeiro, Forense, 1960, vol. I, p. 52). Observa Evaristo que pouco se adiantou à lição de Savigny. "Insiste sempre o mestre da Escola Histórica em dois pontos para que se caracterize a sucessão: a) simples substituição do sujeito, persistindo a relação; b) existência de um vínculo causal entre sucedido e sucessor" (ob. cit., p. 52). O primeiro elemento, a substituição do sujeito na mesma relação, é facilmente compreensível. Já o segundo elemento, a existência de vínculo obrigacional entre sucedido e sucessor, pode envolver alguma dificuldade. Todavia, um exemplo dado por Savigny aclara a questão: se duas pessoas possuem o mesmo imóvel em épocas diferentes, tal circunstância é insuficiente para estabelecer entre elas uma sucessão. Infere-se daí a necessidade de um vínculo íntimo, para que se configure sucessão, entre as duas relações de direito que as revele como uma só e mesma relação transmitida de uma pessoa a outra. Ausente esse vínculo, como na *res derelicta* e no usucapião, não há sucessão. "Existe o vínculo, esclarece Savigny, quando a relação jurídica posterior se funda na primeira, decorrendo dela como sua conseqüência direta e imediata, prendendo-se a ela como a sua verdadeira condição" (ob. cit., p. 53).

A sucessão constitui, pois, espécie de aquisição derivada, já que o direito, antes existente, ou o seu conteúdo objetivo, passa do anterior para o novo titular.

A sucessão pode ser voluntária ou involuntária, como ainda *mortis causa* ou *inter vivos*. A sucessão *mortis causa* pode ser universal ou singular, quando o *de cujus* contempla alguém com um legado.

Para a doutrina moderna basta a relação de dependência entre as duas situações objetivas para que se tenha sucessão, desprezando a existência de vínculo subjetivo entre os titulares.

A CLT, através de dois artigos, 10 e 448, assegurou os direitos adquiridos pelos empregados, na hipótese de alteração na estrutura jurídica da empresa, e a continuidade da vigência dos contratos de trabalho nos casos de mudança na propriedade ou na estrutura jurídica da empresa. Resguardaram-se, assim, os direitos dos trabalhadores contra as transformações possíveis da empresa, v. g., de empresa de um só proprietário em sociedade por quotas, ou, o que é mais freqüente, de sociedade por quotas em sociedade anônima, etc., como ainda se estabeleceu que mudanças na propriedade, isto é, alienação da empresa, ou na sua constituição ou estrutura organizacional, não implicam ruptura dos contratos de trabalho dos empregados. Denominou a doutrina essa persistência dos vínculos de emprego, a despeito da alienação ou das alterações estruturais da empresa, de princípio da continuidade da relação de emprego, pois esse vínculo se mantém incólume, apesar da mudança de empregadores ou das alterações constitucionais do negócio.

Originou-se esse princípio do art. 3º da Lei nº 62, de 1935, cujo art. 4º determinava o seguinte: "A mudança na propriedade do estabelecimento, assim como qualquer alteração na firma ou na direção do mesmo, não afetará, de forma alguma, a contagem do tempo de serviço do empregado para a indenização ora estabelecida". Esse dispositivo inspirou o art. 137, alínea *g*, da Constituição de 1937, que assim rezava: "nas empresas de trabalho contínuo, a mudança de proprietário não rescinde o contrato de trabalho, conservando os empregados, para com o novo empregador, os direitos que tinham em relação ao antigo".

Decorre do art. 448, conjugado com o art. 2º, ambos da CLT, sem embargo da manifesta impropriedade do art. 2º, ao considerar empregador a empresa, que o sucessor, na sucessão, responde pelas obrigações trabalhistas do sucedido. Se a empresa como instituição, doutrina que impregnava os autores da CLT, ou como entidade de duração indeterminada, bem superior à da existência humana, constitui o empregador, como define o art. 2º, que assim traduz o fenômeno da despersonalização do empregador a par da personalização da empresa, a permanência duradoura desta, com seu patrimônio, assegura melhor os direitos dos empregados do que a efêmera existência da pessoa física do seu eventual titular.

No direito nacional, assim como no direito comparado, a preservação dos direitos dos trabalhadores na sucessão e a responsabilidade do sucessor constituem normas de ordem pública, não se admitindo ajuste de vontades em contrário, com raras exceções, como ocorreu na Espanha e no Peru. Os efeitos jurídicos da sucessão trabalhista, todavia, variam. Enquanto alguns países firmam a responsabilidade do sucessor, como o Brasil, outros estabelecem certa responsabilidade entre o sucessor e o sucedido no que respeita às obrigações com os empregados.

Como notou Orlando Gomes, o critério adotado para definir a sucessão na empresa "não pode ser rigorosamente jurídico", nem se ater exclusivamente ao direito comum ou comercial, sob pena de se facilitar a fraude à lei. "Mesmo que inexista qualquer vínculo de ligação jurídica entre os empregadores que se substituem, se as condições objetivas consubstanciadas na identidade de fins da empresa manifestam-se e se verificam, o direito do trabalhador ao emprego deve ser assegurado, porque houve, por dizê-lo, sucessão econômica" (*Direito do Trabalho* - Estudos, Bahia, Artes Gráficas, 1950, 2ª ed., p. 191-192).

Como escreve Russomano, "no Direito do Trabalho, a sucessão se verifica pela simples passagem do acervo empresarial, do antecessor para o sucessor, de modo a se evidenciarem a continuidade (embora relativa) do funcionamento da empresa e a identificação de seus fins" (*Curso de Direito do Trabalho*, Rio de Janeiro, José Konfino, 1972, p. 82).

Portanto, o Direito do Trabalho introduz um elemento econômico ao conceito tradicional de sucessão, ao mesmo tempo em que dispensa a necessidade de um vínculo subjetivo entre sucedido e sucessor. Assim, a sucessão, para o efeito de obrigar o sucessor pelos direitos emergentes dos contratos de trabalho que se desenvolviam na empresa, pode ser involuntária. O que importa é a continuidade da exploração econômica, embora relativa, como nota Russomano, a manutenção do denominado "aviamento objetivo", isto é, a possibilidade de o negócio continuar operando e obter lucros, apesar da mudança da titularidade, para que se caracterize a sucessão nas obrigações trabalhistas.

Presente ainda aqui a idéia da despersonalização do empregador e que identifica este com a empresa (art. 2º da CLT). Portanto, mantidos os seus fins e prosseguindo o empreendimento em operação, perduram a identidade dos contratos de trabalho e os direitos adquiridos pelos empregados, para cujo resguardo se coloca o patrimônio do negócio.

Em virtude da natureza de ordem pública da norma do art. 448 da CLT, será ineficaz no âmbito do Direito do Trabalho qualquer restrição ou desoneração à responsabilidade trabalhista do sucessor, contida em cláusula de contrato de compra e venda de empresa. Se a cláusula eximiu o adquirente dos ônus pelos encargos trabalhistas, a ele apenas assistirá o direito de ressarcimento pelo alienante no juízo cível pelos valores que satisfez em favor dos trabalhadores.

Pela mesma razão descaberá o chamamento do sucedido ao processo, movido na Justiça do Trabalho, na hipótese de demanda intentada pelos empregados contra o sucessor, tendo sido convencionada a cláusula referida.

Tem entendido a doutrina e a jurisprudência que outras entidades que, tecnicamente não se constituam em empresa, como instituições e associações sem fins lucrativos, também se sujeitam à regra do art. 448 da CLT, pois são passíveis de sucessão, além de outras alterações na sua estrutura organizacional, que facultam, ainda, a invocação do art. 10 da Consolidação.

Admite-se não só a sucessão total da empresa, como também a sucessão parcial, quando se aliena apenas um estabelecimento, uma filial ou um ramo da indústria, não obstante a oposição de Martins Catharino, que assim objeta: "No nosso Direito, salvo engano, não nos parece que a venda lícita do estabelecimento (que não seja único), por si só, determine a responsabilidade do comprador. A vinculação objetiva dos empregados é à empresa, e não ao estabelecimento (ver nº 1.5.2.), salvo sendo estáveis (CLT, art. 498). Assim, se a empresa (reduzida) continua, não cessa a responsabilidade do empregador não substituído, o qual, dentro das limitações legais, pode remover seus empregados, lotados no estabelecimento vendido, para outro ainda seu. Por mais 'universal' que se tenha o estabelecimento, sua 'universalidade' não pode superar a da empresa, e a nossa lei limita-se a determinar que a mudança na propriedade da empresa 'não afetará' os direitos adquiridos e os contratos *dos seus empregados. Seus*, pois a hipótese legal é empregador-empresa, e não empregador-estabelecimento, por mais fechado ou autônomo que este seja" (*Compêndio de Direito do Trabalho*, São Paulo, Saraiva, 1981, 2ª ed., vol. I, p. 150).

Todavia, a objeção do insigne mestre não impressiona, pois ela se limita a jogar com a possibilidade de transferência dos empregados do estabelecimento alienado, exceto dos estáveis (art. 498 da CLT), para outro da mesma empresa, o que afastaria a responsabilidade trabalhista do adquirente pelo fato da sucessão. Nessa hipótese, não ocorre substituição do empregador. Por isso, é inquestionável que inexiste transferência de responsabilidade pelos contratos de trabalho dos empregados do estabelecimento vendido, nem cabe cogitar-se da aplicação do art. 448 da CLT. Mas, se não for assim? Se o estabelecimento ou o setor da indústria ou do comércio forem transacionados em atividade, com máquinas, existências, equipamentos e empregados desempenhando as respectivas funções, que passam para a nova empresa? Como negar-se a responsabilidade trabalhista do novo empregador em decorrência da sucessão? Como deixar de aplicar a norma do art. 448 da CLT?

Alguns julgados têm visto sucessão na criação de novo município através de desmembramento de distrito ou região de outro mais antigo. Não se trata, todavia, de sucessão, pois esta envolve mudança na propriedade ou na estrutura jurídica de empresa ou - admite-se - de outra entidade de direito privado, ao passo que a criação de município é matéria de direito público, em que os habitantes de parte de um território municipal, através de plebiscito, decidem formar novo município. Este só existe e se constitui em sujeito de direitos e obrigações a partir de sua instalação, não lhe cabendo responder por direitos pretéritos de servidores do município do qual se originou, embora tenham estes passado a seu serviço, por sua vontade, sem solução de continuidade.

A sucessão nas obrigações decorrentes do contrato de trabalho implica restrição à autonomia de vontade das partes, mormente do trabalhador, que não se exime das obrigações contratuais em relação ao sucessor, que lhe pode ser totalmente estranho, nem lhe assiste direito à denúncia do pacto por força da sucessão, ao contrário do que ocorreria na hipótese de morte do empregador estabelecido com empresa unipessoal, como faculta o art. 483, § 2º, da CLT.

No que respeita ao empregador, é notório o cerceio da autonomia de vontade no encargo que incumbe ao sucessor de executar a sentença de reintegração do estável admitido pelo sucedido e que demandara contra este. Mais respeito com a liberdade e a dignidade do trabalhador teve o art. 1.236 do Código Civil, que estabeleceu que "a alienação do prédio agrícola onde a locação dos serviços se opera, não importa a rescisão do contrato, salvo ao locador opção entre continuá-lo com o adquirente da propriedade, ou com o locatário anterior".

Entendeu-se configurada sucessão trabalhista, dado seu caráter objetivo, resultante da continuidade do serviço da empresa, com idênticos fins e meios, embora ausente o vínculo entre o precedente e o atual proprietário, nas hipóteses de transferência de concessão de serviço público, através de concorrência, de um para outro empresário. Assim, decidiu o Tribunal Superior do Trabalho pela caracterização de sucessão e pela responsabilidade do sucessor pelos contratos de trabalho dos serviços de restaurantes dos trens da Estrada de Ferro Central do Brasil, concedidos mediante concorrência, em que os concessionários se substituíram na exploração do negócio respectivo, tendo em vista que os empregados reclamantes prosseguiram na prestação de serviços para os sucessivos concessionários, sem solução de continuidade (Arnaldo Sussekind, *Comentários à Consolidação das Leis do Trabalho e à Legislação Complementar*, São Paulo, Freitas Bastos, 1964, vol. III, p. 251-253).

Da mesma forma, entendeu o Tribunal Superior do Trabalho pela ocorrência de sucessão entre arrendatários sucessivos de negócio, como ainda na hipótese de o proprietário passar a explorá-lo diretamente, ao término do arrendamento, tendo decidido, ademais, pela nulidade de declaração do empregado, isentando o proprietário, documento exigido por este, de qualquer responsabilidade pelo tempo de serviço prestado ao sucedido (arrendatário), com arrimo no art. 9º da CLT (ob. cit., p. 254).

Lícita seria a despedida de empregados pelo alienante, antes de consumada a sucessão, em virtude de cláusula da compra e venda da empresa, pela qual o sucessor adquiriria o negócio sem encargos trabalhistas. Todavia, se os trabalhadores não recebessem os seus créditos ou os entendessem insuficientes, teriam ação contra o sucessor.

A jurisprudência ratificou ainda a responsabilidade da Petrobrás, em decorrência de sucessão, pelos direitos dos empregados da Frota Nacional de Petroleiros, vinculada ao Conselho Nacional de Petróleo, cujos bens, por força da Lei nº 2.004, de 03-10-53, foram incorporados ao patrimônio da Petrobrás, como parte da subscrição de capital através da qual a União se tornou acionista majoritária da empresa criada Petróleo Brasileiro S/A - Petrobrás (ob. cit., p. 259).

Entendeu, outrossim, o Supremo Tribunal Federal pela existência de sucessão, com responsabilidade trabalhista do adquirente, na hipótese de falência de empresa, cujo funcionamento não foi interrompido e que foi vendida em leilão, sem o rompimento dos contratos de trabalho, tendo o relator, Ministro Ribeiro da Costa, sustentado que "ao acervo total ou parcialmente adquirido, quando mantida a unidade orgânica, ou seja a capacidade do acervo em permitir a exploração do mesmo ramo de negócio ou de outro similar, vinculam-se como *jus in re* os direitos dos empregados oriundos dos contratos de trabalho" (Recurso extraordinário nº 24.484) (ob. cit., p. 256).

É certo que não caberia cogitar-se de sucessão, caso os contratos de trabalho tivessem sido rescindidos por força da falência, e os trabalhadores habilitado seus créditos no processo falimentar, o que não ocorrera no caso acima citado.

Também não se caracteriza a sucessão na aquisição pelo empresário de algumas existências, instrumentos ou estoque de outra empresa, pois a alienação parcial de exploração econômica, que não constitua unidade econômico-produtiva, assim como de máquinas, utensílios ou bens isolados, desfigura a sucessão. A encampação de serviço, estabelecimento ou empresa, a fusão ou incorporação de empresas constituem também sucessão e ensejam a aplicação do art. 448 da CLT, não, porém, a simples intervenção do Poder Público em empresa privada, dada a feição transitória desta, que não determina a alienação ou transferência do negócio.

Antes do advento do sistema do Fundo de Garantia, e posteriormente ao mesmo, em relação aos empregados não optantes, até a vigência da Constituição de 1988, a despedida simulada ou fictícia, com o objetivo de exonerar o sucessor dos ônus decorrentes do tempo de serviço da mão-de-obra, caso o empregado permanecesse trabalhando para o sucessor, configuraria fraude à lei, segundo o art. 9º da CLT, e seria tida por ineficaz, pois obstaria a aquisição do maior direito do trabalhador à época: a estabilidade no emprego. Hoje, as razões dessa fraude desapareceram.

Numa única hipótese, como observa Sussekind, o sucedido pode ser chamado à responsabilidade pelos empregados: "tratando-se de sucessão *simulada ou em fraude à lei*, cujo intuito é o de prejudicar os trabalhadores. Se as disposições legais de ordem pública atinentes à sucessão na empresa têm por finalidade a proteção e a segurança social e econômica dos empregados através da continuidade dos contratos de trabalho, parece óbvio que o aplicador da lei não poderá cruzar os braços ante a fraude intentada para impedir a efetivação dos direitos do trabalhador. É o que recomenda o art. 9º ..." (ob. cit., p. 267).

ANTÔNIO FERNANDO GUIMARÃES
Juiz do Tribunal Regional do Trabalho da 3ª Região

MARCUS MOURA FERREIRA
Juiz do Trabalho
Presidente da 34ª JCJ de Belo Horizonte

MÔNICA SETTE LOPES
Juíza do Trabalho
Presidente da 12ª JCJ de Belo Horizonte
Professora Adjunta da Faculdade de Direito da UFMG

17. O Juiz e a instituição

O tema proposto para este trabalho é o resultado de estudo preparatório de encontro realizado pela AMATRA-III. O seu ângulo de focagem é o juiz no âmbito institucional - suas garantias e suas obrigações profissionais.

Segundo *Aurélio Buarque de Holanda*, a conceituação de *instituição*, em sua conotação sociológica, seria a de "estrutura decorrente de necessidades sociais básicas, com caráter de relativa permanência, e identificável pelo valor de seus códigos de conduta, alguns deles expressos em lei".[64]

Se, do ponto de vista etimológico, está na raiz do termo instituição o sentido de *utilidade* - pública ou particular[65] -, pertinente na exata medida da inserção do juiz no contexto social, na definição de *Aurélio*, há alguns elementos de relevância na análise a que nos propomos e sob a ótica deles iniciaremos a nossa abordagem das questões.

A afirmação de que *"instituição é uma estrutura decorrente de necessidades sociais básicas"* atinge a linha definidora dos fins a que se destinam o Poder Judiciário e a atuação do juiz que o compõe ou que dele é órgão.

O Poder Judiciário não existe em si, por si ou para si. Na verdade, a sua existência está ligada a uma *função*,

---
[64] FERREIRA, Aurélio Buarque de Holanda. *Novo dicionário da língua portuguesa*. 2. ed. Rio de Janeiro: Nova Fronteira, 1986, p. 953.
[65] FONTINHA, Rodrigo. *Novo dicionário etimológico da língua portuguesa*. Porto: Domingos Barreiro, p. 1015.

que é a solução dos conflitos que as partes, individualmente ou segundo seus próprios critérios, não lograram resolver ou ainda das questões de ordem pública, cujo acertamento não se pode deixar nas mãos do indivíduo ou da coletividade como centro amorfo, informe da convergência de interesses - hipóteses em que se enquadram de modo mais agudo as matérias de natureza penal e administrativa e as ligadas à família.[66] A necessidade social básica, que se pretende preponderantemente resguardar, é a segurança. Mas não a segurança ética, a segurança da consciência individual de cada um, porque as normas se criam segundo valores personalíssimos. A tutela é da segurança jurídica que tem por parâmetros conceitos externos, heterônomos, os quais correspondem à generalidade dos interesses de uma comunidade, com todos os percalços que a definição das idéias de bem comum, de bem-estar social e congêneres representam.

À plenitude da segurança *jurídica* chega-se com uso do crescente e constante processo de adaptação das situações individuais aos parâmetros criados em abstrato, que é modo fundamental de atuação do fenômeno jurídico. O Direito, no enfoque de *Pontes de Miranda*, revivendo *Celsius*, pode ser visto, portanto, como o "processo social de adaptação, *ars boni et aequi* - um dos meios e critérios de se adaptarem os indivíduos entre si e à vida em comum".[67]

A mesma idéia de permanência e de estabilidade que norteia as construções jurídicas, constituindo desa-

---

[66] Cf. HUBNER, Eugen. *El derecho y su realización*. Trad. Hertha Grimm. Madrid: Biblioteca del Instituto Hispano-Americano-Portugués de Derecho Comparado, 1929, v. 2, p. 95.

[67] O autor, comentando o tratamento constitucional do Poder Judiciário, diz ainda que esta adaptação é apenas *"perfectível"*, realizando-se a *perfectibilidade*, "como um valor intrínseco das regras jurídicas, na comodidade e na precisão técnica, no mais exato intervir na vida dos seres pensantes e de sensibilidade moral e intelectual, como são os homens" - Cf. MIRANDA, Pontes de. *Comentários à Constituição de 1967*. São Paulo: Revista dos Tribunais, 1967, v. 3, p. 531.

guadouro da segurança jurídica, faz-se presente na definição citada, a qual contém a assertiva de que *instituição tem caráter de relativa permanência*.

O caráter perene do Poder Judiciário, vislumbrado já em um perfunctório exame de suas raízes históricas no Brasil e no nível da comparatividade espacial e temporal, guarda inafastável ligação com duas dúvidas distintas que são, no entanto, elo do Direito com sua inserção sociológica: de um lado, a que se centra na natureza da força que leva a atividade de julgar a se adaptar a cada etapa e a evoluir com os próprios caminhos do homem e, de outro lado, a que diz respeito, em cada uma destas etapas e hoje especialmente, nestes tempos de tanta informação, às expectativas que têm em relação a nós, juízes, aqueles a que se destina o nosso trabalho.

Será ilusão imaginar que o Poder Judiciário possa sobreviver pela forma, sobreviver pela aparência, sobreviver pela força estética do juiz vestido com a imemorial toga preta.

A permanência da magistratura, como de tudo o mais, está ligada à sua utilidade e à eficiência de seus provimentos, que são os únicos justificadores da existência da atividade de julgar e da necessidade dela como garantia de uma mínima estabilidade social.

A estabilidade das relações sociais não se coaduna com a idéia de que o cidadão espere que o juiz participe da efervescência das criações sociais, que atue como modificador, como moldador da realidade. O poder criador do juiz é sempre vinculado aos mecanismos que ele deve ou pode usar para atingir este desiderato.

Os jornais de Belo Horizonte deram notícia em destaque de que pesquisa feita na Câmara Municipal concluiu que a maior parte dos projetos que ali tramita cuida da concessão de nome de ruas. A situação não será diferente na esfera estadual em que se concedem inúmeros títulos de cidadania honorária, doam-se cadeiras de rodas e bolsas de estudo em atendimento a um imenso contingente de pessoas - a maioria realmente carentes e necessitadas - que perambulam pela Casas legislativas.

Não se discute a importância das homenagens, das cadeiras de rodas e das bolsas de estudo para os que as recebem.

No entanto, eles são fator de claro desestímulo da atuação da instituição, em sua essência, e constituem ameaça à sua permanência, na medida em que se afastam daquilo que seria a fonte de sua efetiva necessidade social - ali o papel do legislador de fazer leis e de fiscalizar, do ponto de vista orçamentário e financeiro, a atuação dos entes de direito público.[68]

Esta é uma sensação que sobressai quando se discute o papel do juiz - suas garantias e obrigações - e sua participação como cidadão nos limites de sua integração institucional.

Por isto, retomando o ponto de que anteriormente se cuidou, a força criadora do juiz está na decisão, na possibilidade de fundamentar e estabelecer, com olhos sempre na norma, uma construção jurídica que avance, ainda que a partir da máxima de que *água mole em pedra dura tanto bate...*

Mesmo que não se possa perder de vista a maneira como o conflito entre o *ius strictum* e o *ius aequum* permeia os diversos meandros da aplicação do direito, em seu influxo temporal, e ainda que não esteja o juiz compelido a avançar, está sempre compelido a decidir.

O juiz só cria no momento de decidir e, neste passo, deve-se compreender que a ele não basta a técnica, não é suficiente a razão.

Como diz *Ghirotti*, há profissões que exigem inteligência, memória, doutrina, habilidade técnica, fantasia. A profissão do juiz funda-se:

---

[68] Veja-se o art. 70 da CF/88.

"na sensibilidade do filtro que emprega para passar um material que já foi passado através de outra consciência, menos atenta do que a sua. O juiz põe a serviço da sociedade o lado mais delicado de sua vida interior".[69]

A idéia de que o juiz põe à disposição do Estado a sua vida interior, na medida em que a sua sensibilidade será o ponto deflagrador de cada decisão, deixa a descoberto o caráter humano que embala a atuação do Poder Judiciário e que, por certo, explicará, ainda que parcialmente, a sua falibilidade - *errare humanum est*.

A instituição viverá tanto mais quanto o juiz exerça com efetividade o seu papel, julgando e criando.

O exercício da criatividade do juiz assenta-se na mobilidade dos fatos e na própria ductibilidade da norma de que não se poderá jamais esperar o alcance de todas as questões. Não se trata, contudo de um exercício de ilimitada criatividade, como a que se outorga ao legislador que poderá conotar os fatos segundo critérios que ele próprio erija.

O juiz tem o exercício de sua criatividade, da discricionariedade avaliadora balizado pela lei, que é o parâmetro inafastável para o processo de amoldagem da realidade que a ele se impõe em cada processo.

A compreensão de tais limites é essencial, porque o desvio constituirá ruptura insanável, atingindo, em cheio, o próprio funcionamento do poder.

Não será ocioso, partindo do princípio de que a experiência histórica, com seus desacertos e rupturas, deve ser considerada, lembrar uma das principais causas da extinção da *Court of Chancery*, na Inglaterra do século XIX. A referida Corte nasceu, no século XV, da delegação do Rei ao *Chancellor* da competência para julgar os casos que se baseavam estritamente em *eqüidade* e que, por isto, lhe eram dirigidos e não à *Common Law*

[69] GHIROTTI, Gigi. *Il magistrato*. Firenze: Vallechi, 1959, p. 23.

Court. Quando de sua extinção, em 1873/5, a insegurança quanto às decisões, à incerteza quanto ao critério de *eqüidade* a ser adotado, levou a que se espraiasse máxima: *"Equity varies as the lenght of the Chancellor's foot"*, ou seja, a eqüidade varia como a medida do pé do *Chancellor*. Isto significa que a medida deve se basear em padrões de razoável uniformidade, em que se situará o intrincado estratagema de compor as idéias aparentemente antagônicas de liberdade e de vinculação à norma. Estes são os parâmetros para imprimir a idéia de segurança.

Qualquer discussão do tema deve considerar este fator para que não nos vejamos em vias de começar a dar títulos de cidadãos honorários e de nos esquecermos de nosso verdadeiro papel como cidadãos-juízes - julgar e julgar bem - e é a partir daí que nós poderemos falar de garantias e de obrigações.

Parte-se, portanto, para a última vertente da definição de instituição e que, como se verá, é a que atinge, de forma mais acendrada, o tema que se aborda: *a instituição é identificável pelos seus códigos de conduta e alguns destes códigos de conduta são expressos em lei.*

O juiz está irremediavelmente vinculado às normas jurídicas - da Constituição à sentença, passando pela lei, pelo contrato, na estrutura escalonada traçada por *Kelsen*.[70] A sua interação com o contexto social em que ela é lançada, em que ela atua, constituirá para o juiz material de cotidiana manufatura, amoldagem, modelagem.

O grande e persistente problema da Ciência do Direito está na aplicação,[71] e não na criação das normas.

---

[70] Cf. KELSEN, Hans. *Teoria pura do direito*. São Paulo: Martins Fontes, 1985, p. 240 *et seq*.

[71] Cf. *Michel Villey*, na introdução à obra de S. *Belay*, maiormente a sua afirmação de "la jurisprudence est le lieu où se constitue le droit (...). Elle ne fait pas que produire du droit sous la forme de solutions, mais encore (...) serai normatrice, créatrice de régles générales (je dirais plutôt que la production de règles générales relève aujourd'hui de la *doctrine* mais travaillant sur les arêts de jurisprudence, et de concert avec les juges)" - *Apud* BELAID, S. *Essai sur le pouvoir createur et normative du juge*. Paris: L.G.D.J., 1974, p. 1.

O obstáculo à sua eficaz atuação reside no processo, e não no direito material. Não raro, as declarações de direitos e garantias, formalmente dispostas, somente alcançam sua verdadeira significação quando o juiz, prestando a jurisdição, vivifica-lhes o potencial de império.

Não nos interessa, aqui, todavia, o exame do intrincado percurso que segue o juiz no processo de aplicação do direito, de definição do modo como a norma jurídica se insere nas situações de fato que a ele são deduzidas. Preocupa-nos a avaliação genérica de sua posição, de sua atividade, dos dados que, centrados nele, constituem elementos do próprio processo de julgar.

Como afirmou Pontes de Miranda,[72] o direito é *perfectível*. Pode-se situar no mesmo espectro, não só a disciplina que atende a atuação dos juízes, como também a efetividade de atuação destas normas, condicionada sempre a fatores de ordem sociológica.

O ponto de partida para decifrar os códigos de conduta que se dirigem e que coordenam a atuação do juiz é a compreensão dos princípios que estão na raiz formadora das normas e no especial interesse a que visam tutelar.

Os códigos de conduta éticos ou jurídicos que norteiam a atividade do juiz destinam-se - prevendo direitos e deveres - a garantir o atendimento daquilo que dele espera a comunidade: que o juiz julgue e julgue bem - repita-se.

Por outro lado, neste contexto de direitos e de obrigações haverá sempre uma contraposição estrutural que está na raiz de todas as controvérsias que se submetem ao juiz: o contraponto de direito e dever com a idéia de sanção.

Não se discute que a proteção jurídica, a cargo de juízes e tribunais, seja princípio estruturante do Estado democrático.

---
[72] Cf. nota 4 retro. Op. cit., p. 531.

No entanto, ainda que se considere a importância dos códigos éticos, a apreensão dos contornos da atuação institucional do juiz tem por premissa a estrutura jurídica em que se assenta.

As garantias que se outorgam aos juízes não podem ser vistas como um privilégio, com vantagem vazia. Ao contrário, só se pode compreendê-las no contexto global, ou seja, na medida em que se destinam a um fim que é possibilitar o exercício da função de julgar, na medida em que compõem o sistema jurídico, formando relações jurídicas de direito público, com clara presença de sanção, quando se frustre a integral realização do princípio tutelar de que são verbo assecuratório.

Sabe-se que a aplicação do direito constitui o processo de definir a forma como a norma jurídica capta, conota uma determinada situação da vida.

Geralmente, no que concerne ao conjunto de relações jurídicas ou à sucessão delas, encontradiças no processo de julgar, cuidar-se-á de relação jurídica de direito público. Haverá o estabelecimento de direitos e de obrigação como contrapontos um do outro - *na esfera do poder-dever de administrar justiça* - e, obedecendo sempre à prefiguração básica da norma jurídica, o estabelecimento de sanção para o seu descumprimento, sanção esta prevista pelo Estado-*ordem-jurídica* para o Estado-*sujeito-de-direito*, na pessoa de seus agentes. Só são assimiláveis a formulação das obrigações que se impõem ao juiz e a contrapartida das garantias a ele outorgadas como instrumento para a consecução dos fins visados pelo Estado enquanto apropriadoras de uma parcela da vontade coletiva.

Uma avaliação histórica mostrará que a origem destas garantias remonta, no caso brasileiro, ao período do Império, assim como o reverso da medalha, ou seja, as sanções e as previsões de responsabilidade.

Nesta linha, cuidaremos isoladamente de algumas destas garantias mais relevantes e dos deveres delas consectários.

A vitaliciedade, como acentua *Mário Guimarães*, revisitando a evolução histórica, já estava na Carta Política de 1824, com previsão em sentido análogo,[73] que atingia também a inamovibilidade.[74] Como princípio constitucionalmente adotado, o ingresso por concurso e o respeito à antiguidade[75] têm origem mais recente. Outra garantia que recebe tratamento constitucional é a irredutibilidade de vencimentos,[76] que vem dos primórdios da República.

À autovalorização do juiz, como pessoa individual e em desempenho das peculiares atribuições que lhe são conferidas pela ordem jurídica e pela ordem social, devem corresponder padrões de vida condignos, que lhe propiciem uma independente participação nos bens sociais da vida. Segundo *Pontes de Miranda*, a vitaliciedade "sem *irredutibilidade de vencimentos* seria garantia falha. Aqui, diz ele, se tiraria parte do que ali se assegurou: a independência *econômica*, elemento de relevo que muitos reputam o maior, da independência funcional".[77]

---

[73] Mais exatamente o art. 153, que dispunha: "Os juízes de direito serão perpétuos; o que, todavia, não se entende que não possam ser mudados de uns para outros lugares pelo tempo e maneira que a lei determinar". A exceção vinha no art. 154: "O imperador poderá suspendê-los por queixas contra eles feitas, procedendo audiência dos mesmos juízes, informação necessária e ouvido o Conselho de Estado" - cf. GUIMARÃES, Mário. *O juiz e a função jurisdicional*. Rio de Janeiro: Forense, 1958, p. 140. O Autor segue na abordagem histórica, ressaltando a presença da vitaliciedade, como garantia, nas Constituições de 1891 (art. 57, op. cit., p. 140/1), de 1934 (art. 64), de 1937 (art. 91) e de 1946 (arts. 95 e 124) - op. cit., p. 141.

[74] O mesmo art. 153 da Carta Política do Império do Brasil de 1924 contém previsão neste sentido, a qual é repetida nos arts. 64 da Constituição de 1934, 91 da Constituição de 1937, 95 da Constituição de 1946 e 108 das Constituições de 1967.

[75] Art. 92, incisos I, II e III, da CF/88.

[76] Do ponto de vista histórico, a garantia remonta à Constituição de 1891, no art. 57, § 1º ("Art. 57. (...). §1º. Os seus vencimentos serão determinados por lei e não poderão ser diminuídos.") A previsão veio no art. 64 da Constituição de 1934, no art. 91 da Constituição de 1937, no art. 95 da Constituição de 1946 e no art. 108 da Constituição de 1967.

[77] Cf. MIRANDA. Op. cit., p. 547. Mais adiante o autor indica que a Constituição americana prevê a mesma garantia.

Deve-se atentar ao fato de que o juiz, à exceção de uma função de magistério, não pode exercer qualquer outra atividade. Ele está, por assim dizer, preso à magistratura e ao sabor dos influxos da evolução de sua remuneração.

As vantagens, no entanto, não podem ser vistas apenas na pessoa individual de cada juiz. A manutenção de vencimentos condignos e a impossibilidade de sua redução - e aqui cumpre passar, ainda que ligeirissimamente, sobre a corrosão do valor de compra dos vencimentos pela inflação, como um fator de redução - constituem ponto fundamental para a valorização da carreira, com a conseqüente preservação de um nível de interesse em entrar para ela. É preciso assegurar que a opção pela magistratura se faça não apenas pelos que estão sem alternativa, mas que ela seja, em si, uma boa escolha. Isto é fator essencial para a obtenção de um grau de qualidade adequado dos juízes, e até mesmo na consecução de níveis ótimos de honestidade e de lisura do proceder.

Tais garantias estão a serviço da maior delas que o direito à liberdade de convicção, a liberdade de manifestação de seu pensamento, ao livre convencimento como princípio.

É evidente que incumbe à magistratura prover a seus percalços, viver os seus problemas, partindo-se do pressuposto, universalmente reconhecido, que o juiz só é subordinado à lei.

Neste passo, é sempre oportuna uma avaliação aprofundada dos procedimentos por meio dos quais forças estranhas à própria construção interna do Poder Judiciário pretendam nele interferir, sob pena de decretar-se-lhe a falência institucional.

A idéia de independência do juiz[78] tem larga expressão histórica e pode ser vista até mesmo, ainda que

---

[78] Cf. o clássico *Georges Ripert*, para quem a concepção das decisões exige "un indépendance complète du pouvoir judiciaire para raport ao pouvoir politique. Si le juge ne l'a pas, il reste soumis pour l'aplication à toutes les

no específico contexto de seu tempo, na máxima de que *the king can do no wrong*. Do ponto de vista da normatividade, da positividade no Brasil, desde 1934, como assegura *Pontes de Miranda*, deixou ela "do plano principológico para o plano das normas concretamente concebidas".[79]

As garantias, realizando-se no Juiz, são instrumentos de tutela da cidadania, que não se pode suprimir ou limitar, dado o risco de grave violação ao imprescindível equilíbrio que deve presidir as relações entre os poderes políticos da Nação. Há nelas o peso de suas raízes históricas, das conquistas que as fizeram nascer.

Couture entende a função de julgar como sendo, em si e por seu conteúdo, um ato de liberdade.

"Não se pode, racionalmente, julgar bem, diz o autor uruguaio, sem que o juiz tenha o seu mundo intelectual livre de coações que o impeçam de manejar sem prejuízo os materiais de decisão (...). Porém, assegurar a liberdade do juiz é fixar apenas um dos extremos de sua acção: no outro extremo está o excesso de liberdade".[80]

Isto explica a posição de *Paulo Emílio Ribeiro de Vilhena* no sentido de que a linha processual

"é uma linha de compatibilidade dos atos processuais com os fins a que se visa alcançar por eles e, afinal, pelo processo, onde devem residir a percepção, a prudência, a firmeza e o bom senso do juiz. (...)

---

forces réeles ou idéologiques qui ont lutté pour la création de la loi. Il arrive alors que le juge fasse de la règle legale une aplication qui réponde seulement au désir d'une des forces créatrices et constitue un sorte de revanche du sacrifice qu'elle a dû consentir pour obtenir la transaction, révélant par là l'injustice de la règle" - RIPERT, Georges. *Les forces creatrices du droit*. Paris: LGDJ, 1955, p. 391.

[79] Cf.MIRANDA. Op. cit, p. 549, notadamente quando ele considera "lamentável que o Poder Judiciário não tenha no Brasil o *impulso* interior de independência que a Constituição lhe dá".

[80] COUTURE, Eduardo J. *O princípio da liberdade no sistema do processo civil*. Lisboa: Jornal do Foro, 1948, p. 30.

As areias são movediças e o caminhante deve atentar para esta realidade e andar como exige o caminho, mas sem perder o fio, os fios que norteiam (...)".[81] Andar como exige o caminho preenchendo o cenário, às vezes lúgubre, às vezes penoso, às vezes alvissareiro de nossas próprias tramas pessoais é a dificuldade vislumbrada na liberdade de ser e de formar a nossa própria convicção.

Devemos ter toda a atenção voltada para que não nos deixemos abater pelo medo de não conseguir, para que não sejamos dirigidos pela precariedade e pelos equívocos tão humanos das instituições e, como é natural, desta instituição de que somos partes.

A realidade, o caminho, o fio que o conduz obriga-nos a ter sempre os olhos na experiência, a que nos valhamos dela como um suporte para compreender os fatos.

A sala de audiências da Justiça do Trabalho é o caldeirão, o grande caldeirão, em que fervilha a realidade social, em que se depura o sabor amaro da poção social que temos que ingerir. Há dor, há sofrimento, há desconfiança, há insegurança e toda sorte de sentimentos que demandam, no exercício da Presidência das Juntas, uma postura aberta, uma participação firme no controle da inquietação. Do fervor da sala de audiências, nenhum de nós que por lá passou pode esquecer. A angústia da sala de audiência, nenhum de nós que por lá passou pode menosprezar. Eles representam uma parcela viva da realidade de que se contaminam os processos e que cabe a nós, em cada minuciosa situação, compreender, alcançar, como um espectro que integra as mais dilacerantes projeções de nossa realidade fora do domínio meramente teórico ou estático do direito.

---

[81] VILHENA, Paulo Emílio Ribeiro de. O tresloucamento do processo do trabalho: variações em torno de um largo tema. In: *Direito e processo do trabalho*. Belo Horizonte: Del Rey, 1994, p. 513.

Os fatos são incontroláveis quando apreendidos na norma, convertidos em prova, quando se submetem à desgastante incursão emocionalizada das partes, procuradores e juízes em audiência. Os fatos estão aí, e o direito os contém pelas mãos do juiz que dá a resposta à questão colocada em cada caso. Para manejar os materiais de decisão devemos ter a exata compreensão do sentido da independência, que não é vazio em seu conteúdo material, que se destina à consecução do resultado esperado por aqueles a que nós devemos prestar contas de nosso papel social. O excesso de liberdade significa a insegurança nas relações sociais, implica desacomodação dos interesses da ordem pública.

Por isto é oportuno lembrar, ainda uma vez, com *Paulo Emílio Vilhena*:

"Como técnica de contenção, atende o *Direito* aos movimentos estruturais da sociedade, à oscilação de suas forças energéticas, à prevenção das rupturas em seus quadros direcionais, sempre, porém, com índices mais elevados de aproveitamento em seu sistema de implantação".[82]

A implantação da norma não se dá apenas pela ação isolada do legislador. Dá-se também no juiz - como encarregado de dirimir os conflitos e como administrador.

O nível mais elementar de aproveitamento da técnica no contexto dos fatos exige de nós, juízes, uma participação crítica. Os instrumentos infra-estruturais devem estar à nossa disposição.

O juiz só é o que julga, só é a técnica que domina, só é o sentido exato da norma que procura inocular na realidade brotada de cada pequena parcela da vida trazida ao processo. O juiz, administrando ou julgando,

---

[82] VILHENA, Paulo Emílio Ribeiro de. *Direito público e direito privado*: sob o prisma das relações jurídicas. 2. Ed. rev. e amp. Belo Horizonte: Del Rey, 1996, p. 24.

não faz para si, não pensa em si. Ele é o servidor público, ele é apenas servidor público.

Ele é o lixeiro social que recolhe os detritos das mais substanciais dissensões sociais e os recicla, transformando em um novo bem imposto à parte como a melhor solução, com a força da exigibilidade compulsória que se outorga à sanção.

Mas antes de sermos juízes, somos todos nós, homens e mulheres, o produto de nossas experiências. E isto não é pouco, porque é o cenário em que podemos realizar.

Como enfatiza *Burns*:

"A experiência de qualquer momento possui seu horizonte. A experiência de hoje não é a de amanhã no horizonte de hoje. A experiência de cada homem pode somar-se à experiência de outros homens que vivem em seu tempo ou viveram antes; e assim um mundo comum de experiência, maior do que o de sua própria observação pode ser vivenciado por todo homem. Todavia, por mais amplo que seja, este mundo comum também possui seu horizonte; e neste horizonte está aparecendo nova experiência".[83]

Este é o caminho institucional que se abre aos juízes.

---

[83] BURNS, C.D. O sentido do horizonte. *Apud* LANGER, Suzanne. *Filosofia em nova chave.*

PAULO EMÍLIO RIBEIRO DE VILHENA

Juiz do TRT da 3ª Região aposentado. Professor da Faculdade de Direito da Universidade Federal de Minas Gerais e da Faculdade de Direito da Universidade Católica aposentado. Advogado em Belo Horizonte. Membro do Instituto Latinoamericano de derecho del Trabajo y de la Previsión Social, e do Instituto dos Advogados de Minas Gerais e da Academia Nacional de Direito do Trabalho.

18. Valor: realidade, ficção ou projeção da realidade

Ao Professor Gerson de Britto Mello Boson.

1. O Direito, no seu plano mais geral, como uma técnica de apreensão, domínio e distribuição de forças-interesses e de realização plena ou compatibilizadora do instinto de afirmação do homem na vida, armou basilarmente um sistema de classificação e de denotação de coisas (*res*), que as absorveu e as representou no cenário do contexto e do intercâmbio das teias jurídicas como *bens*.

Já da tradição romana, de que se parte para a compreensão da organização jurídica moderna,[84] como peças mestras, vem aplicando o homem técnicas de qualificação (dosagem) e de apreensão das *coisas* como *interesses*, do que, sob a formulação de *bens jurídicos*, paulatinamente resultou a sua distribuição em bens *corpóreos* e *incorpóreos*,[85] ou, em versão leiga, em bens

---
[84] SAVIGNY, M. F. C. de. *Sistema de Derecho Romano Actual*. 2. ed. Madrid: Centro Editorial de Góngora, s/d, t. 3, p. 289, III - entre o valor venal da coisa, *quanti res erit*, e o interesse que a conservação da posse tem para o demandante - *longe enim aliud, est rei pretium, aliud possessionis* - e JHERING, R. von. *L'Esprit du Droit Romain*. 3. ed. rev. e corr. Paris: Librairie Marescq Ainé, 1888, t. 4, p. 329 e Ortolan, M. *Compendio de Derecho Romano*. Buenos Aires: Atalaya, 1947, p. 73.

[85] Cf. PEREIRA, Caio Mário da Silva. *Instituições de Direito Civil*. 2. ed. Rio de Janeiro: Forense, v. I, p. 239; LOPES, Miguel Maria de Serpa. *Curso de Direito Civil*. 3. ed. Rio-S.Paulo: Freitas Bastos, 1962, v. VI, p. 40 e 42 e VOUIN, Robert, ROBINO, Pierre. *Droit Privé - Civil et Commercial*. Paris: Presses Universitaires de France, 1967, p. 435 *et seq.*

materiais e *imateriais*, sem a todo instante abandonar as fontes conceituais históricas, como que *pari passu* voltando sempre à raiz *mater* do concreto, do palpável, do núcleo conceitual, que se qualifica de *coisas*,[86] que, como objeto de apropriação pelo homem e em áreas específicas de tutela jurídica, se distribuem por escalas qualitativas de valoração originariamente acantonadas na figura de benfeitorias, as quais, já em sua maior ou menor virtualidade de defesa patrimonial se classificaram em necessárias, úteis e voluptuárias.[87]

Von *Jhering*, em sua versão fundante teleológica do Direito, expressa-se direcionalmente nesse sentido universal de como o homem se volta para o mundo externo e a ele se liga e lhe recebe os mínimos movimentos impressivos que lhe dizem respeito:

> "Todo o direito privado existe para assegurar ao homem um proveito qualquer (*un avantage quelconque*) para vir em ajuda às suas necessidades, para salvaguardar seus interesses e concorrer à consecussão dos fins de sua vida (*à l'accomplissement des buts de la vie*). O fim é o mesmo para todos os direitos, seja que concernem eles às coisas, seja que se relacionem eles com as pessoas. Todos nos devem propiciar um serviço (*Tous doivent nous procurer un service*), uma utilidade, uma vantagem; a liberdade tanto quanto a propriedade, o casamento tanto quanto a obrigação. Não há direito sem fim e sem utilidade; o bem e o direito não se combatem, eles estão, entre eles, em uma relação necessária".[88]

---

[86] Veja-se sua rigidez no Direito Germânico, em que coisas, por força e na acepção legal, somente são os objetos corpóreos - BGB. § 90 - *Sachen im Sinne des Gesetzes sind nur körperliche Gegenstände*. Cf. HEDEMANN, J.W. *Derechos Reales*. Madrid: Revista de Derecho Privado. 1955, vol. II, p. 34, *a*.

[87] Código Civil, arts. 43 a 73 - cf. RUGGIERO, Roberto de. *Instituições de Direito Civil*. 3. ed. São Paulo: Saraiva, 1972, v. 2, p. 277, *d*.

[88] "*Point de droit sans but et sans utilité; le bien et le droit ne se combattent point, ils sont entre eux dans un raport necessaire*" (*Ahrens*) - JHERING, 1888, p. 329.

E, logo abaixo, em sua linguagem clara e incisivamente objetiva, explana:

"À idéia de bem se ligam as noções de *valor* e de *interesse*. A idéia de valor contém a medida da utilidade do bem; a idéia de interesse exprime o valor em sua relação particular com o sujeito e seus fins".[89]

Não se satisfez a investigação jurídica, entretanto, com a apreensão do *interesse* como a matéria-prima por excelência, *quantum satis*, do bem da vida a ser regulado e/ou tutelado por normas jurídicas, como em doutrina de invulgar repercussão criou e propagou *Phillip Heck*,[90] mas cabia a ela perquirir mais fundo e apanhar o *interesse, qualquer interesse*, e *valorá-lo*, ou seja, captá-lo juridicamente e resguardá-lo em certa direção de tutela jurídica[91] a que servem de base certos valores (*denen letzlich bestimmte Wertungen zugrundliegen*), pois tais *valores* revelam que a ordem jurídica, através da lei, prestigia e mostra determinados bens em uma rede de extensa tutela.[92] Ou, por outras e conexas palavras, a teor da *jurisprudência dos valores*, que sente a realização material da Justiça como uma direta e nuclear tarefa do Direito.[93]

Não se trata de direção preconceituosa, mas de fidelidade aos rasgos filosóficos metodológicos cristali-

---

[89] JHERING, 1888, p. 329 - grifos, do autor.

[90] Cf. HECK, Phillip. *Interpretação da Lei e Jurisprudência dos Interesses*. São Paulo: Livraria Acadêmica, 1947, p. 13 *et seq*. e 103 e LARENZ, Karl. *Methodenlehre der Rechtswissenschaft*. 3. Aufl. Berlin: Springer, 1975, p. 53 *et seq*.

[91] Cf. a assertiva de que "*valor*" inclui fato em algum sentido" em *Hall*, na referência a *What is value*, obra de 1952, citada por Kelsen, *Teoria Geral das Normas*, Porto Alegre: Fabris. 1986, p. 384, nota 54, em que também se cuida das idéias de *valor* e *sentido* - KELSEN, 1986, p. 75/76. Sobre os conceitos jurídicos usados com sentido valorativo, cf. COHEN, Felix. *El Método funcional em el derecho*, Buenos Aires: Abeledo-Perot, 1935, p. 46.

[92] "*Solche Wertungen zeigen sich darin, dass das Gesetz bestimmten Gütern einen umfassend Schutez zuteilwerdebn lässt*"- LARENZ, 1975, p. 193.

[93] "*Sie empfindet Verwirklichung materialer Gerechtigkeit als geradezu zentrale Aufgabe des Rechts*" - Schwintowski, Hans-Peter. *Recht und Gerechtigkeit - Eine Einführung in Grundfragen des Rechts*. Berlin-Heildelberg: Springer, 1996, p. 132.

zados no pensamento de *Hesse*, segundo o qual, rente com *Max Scheler*, "todo o dever-ser se funda num valor", e que, em última instância e em sua concepção metafísica, se reduz a um dado *a priori* ou, na fórmula deificadora universal exposta por *Lagneau*, "o valor é verdadeiramente a realidade que o pensamento afirma" e o "mundo dos valores é, assim, objetivo, cósmico, universal".[94] *Zipelius*, em indisfarçável mostra metafísica, sintoniza o *apriorístico* no *valor*, no sentido de que ele pode ser apreendido independentemente de *realizar-se*,[95] do que resulta consistir o *valor em um ser-em-si*, ou seja, o *valor* como *um* e *o mesmo* intersubjetivamente *apreensíveis*.[96]

Em torno de ambivalências, de primados conceituais entre *realidade* e valor, entre *fim* e *valor*, entre *dever-ser* e *valor*, oscila toda a elaboração metodológica e expositiva das doutrinas jurídicas em seu leito filosófico, a busca da legitimação de uma ordem jurídica em sua função histórico-reguladora das condutas humanas, legitimação esta que, como bem observa *Wolfgang Fikenscher*, pendula dentro do binômio valor-dever.[97]

---

[94] Cf. HESSE, Johanes. *Filosofia dos Val*ores. 5. ed. Coimbra: Armênio Amado-Sucessor, 1980, p. 84; PAUPÉRIO, A. Machado. *Introdução Axiológica ao Direito*. Rio de Janeiro: Forense, 1977, p. 85-6 e FRONDIZI, Risieri. *Qué son los Valores?* 3. ed. 4. reimpr. México: Fondo de Cultura Económica, 1977, p. 107-39.

[95] *"Apriorität besitzen Werte in dem Sinne, dass sie erfasst werden können unabhängig davon, ob sie verwirklicht werden"* - Zipelius, Reinhold. *Das Wesen des Rechts*. München: C.H. Beck. 1969, p. 100.

[96] *"das Werte als ein und dieselben intersubjektiven erfassbar sind"* - ZIPELIUS, 1969, p. 100.

[97] *"Die Legitimation des Rechts hat ihren Sitz in der Wert - und Sollensfrage"* - cf. FIKENTISCHER, Wolfgang. *Methoden des Rechts - In Vergleichender Darstellung*. Tübingen: J.C.B. Mohr (Paul Siebeck), 1977, v. IV, p. 175, que vai apanhar a legitimação da ordem jurídica, como sistema de "valor", pela raiz, em um foco originário de *decisão etológica*, pois pela decisão etológica separa-se o homem da natureza, a decisão etológica não é outra coisa que a *valoração* já no nível de aculturação - *"Die "ethologische Dezision" ist nichts anderes als die "Wertung", ihr Inhalt der "Wert". Mit der ethologischen Dezision trennt sich der Mensch von der Natur. Er schafft sich ein Sollen im Gegenüber zum Sein"*.

2. Curioso é notar que o abalizadíssimo lexicólogo *Gerhard Wahrig*, depois de conceituar a etologia como a teoria da moral e dos costumes de um povo, a pesquisa de seu caráter, desdobra esse conceito, nomeando-a também como o modo de viver dos animais. O que sugere que a "valoração", como técnica de elaboração, de apreensão e de direcionamento de normas jurídicas não serve de parâmetro para distinguir o homem da natureza nem do animal, que é, também, *valorado*, como objeto de tutela jurídica. Salvo se se entender por animal o que não elabora norma jurídica e que, por isto, não valora, conquanto seu sistema de valoração seja instintivo, retilíneo e até certeiro na defesa do que lhe parece ser seu *interesse*.[98]

A agregação metafísica, de sentido imanente do valor nas coisas, como *sentido de algo e para alguém*, como *referibilidade* nas coisas tocadas pelo homem, e como "entidades vetoriais", apontadas "para um certo sentido" que é "fim", como o diz *Reale*, em imagem tomada de *Wolfgang Köhler*, faz voltar à ribalta a realidade teleológica pioneiramente mostrada por *Von Jhering* sobre que se assenta o direito e que preside ejeções, prospecções e incursões do homem em sua perspectiva vital e histórica.[99]

Daí se mesclam *critérios* objetivos e *critérios* subjetivos de valoração das coisas em si,[100] das coisas em movimento em transformação, trabalhadas pelo homem, dos entes ideais, dos cortes individuais para os cortes

---

[98] "*Lehre von der Lenbensweise der Tiere*" - cf. WAHRIG, Gerhard. *Deutsches Wörterbuch*. Berlin-München-Wien: Bartelsmann, 1972, p. 1168, verbete Ethologie.

[99] Cf. REALE, Miguel. *Filosofia do Direito*. 4. ed. São Paulo: Saraiva, 1965, p. 171 e RADBRUCH, Gustav. *Filosofia do Direito*. 6. ed. Coimbra: Armênio Amado. 1979, p. 123-37.

[100] Cf. FRONDIZI, 1977, p. 49 a 106. Vejam-se a volatilidade e a precariedade do critério como parâmetro de aferição no clássico pouco conhecido BALMES, J. *O Critério*. São Paulo: Edições e Publicações Brasil, p. 5 *et seq.*, 20-1, 28-9 e 30 *et seq.*, em sua concepção evolutiva, até à chamada criteriologia, em FERRATER Mora, Jose. *Diccionario de Filosofia*. 5. ed. 3. reimpr. Buenos Aires: Sudamericana, 1975, t. I, p. 378.

coletivos, em que a imaterialidade dos contextos sob os quais e com que vive o homem ganha, senão precisos ao menos difusos, horizontes de respirabilidade objetiva e subjetiva apreensíveis pelas, cada dia mais aguçadas, antenas dos interesses que o assaltam e o desafiam. Não para embaralhamento, mas para entendimento de a quantas anda a intrincada questão do *valor* nos entremuros do pensamento conceitual, basta que se leia a passagem de *Hans Kelsen*, em uma de suas últimas obras, a *Teoria Geral das Normas*, para ver-se a que sutilezas chegou a mais rica sofística da elaboração filosófica de nossos tempos, quando *Kelsen*, depois de sucessivos passos e contrapassos - como tateando por sobre um caminho bruxuleante - curva-se à sua própria posição, que nega nasça o dever-ser do ser ou vice-versa, e, em aras ao altar do *valor*, concilia:

> "Neste ser-igual, do substrato modalmente indiferente de um ser e do substrato modalmente indiferente de um dever-ser, existe o *valor*; e ele é *a relação de igualdade entre ambos estes substratos modalmente indiferentes*, não uma relação entre *realidade* e *norma*, entre *ser e dever-ser*. Algo é valioso (e) se iguala a um outro. O *que* está nesta relação de igualdade não é a realidade que (se) iguala à norma, o ser o qual (se) iguala ao dever-ser, e sim o substrato indiferentemente valioso como conteúdo do ser, o qual (se) iguala ao substrato indiferentemente valioso do conteúdo do dever-ser".[101]

Depois de, como um ginasta, um exímio trapezista, balancear e sustentar-se nas cordas incolores dos *substratos modalmente incolores*,[102] afirma que *ser* e *dever ser*

---

[101] KELSEN, 1986, p. 76 - grifos, do autor.

[102] Verbete *modal* - "Filos.: Diz-se da proposição em que a afirmação e a negação é modificada por um dos quatro modos: *possível, contingente, impossível* e *necessário*". HOLANDA Ferreira, Aurélio Buarque. *Novo Dicionário da Língua Portuguesa*. 2. ed. Rio de Janeiro: Nova Fronteira. 1986, p. 1146, verbete "Modal".

não se igualam, mas o "substrato indiferente, valioso como conteúdo do ser", se "iguala ao substrato indiferentemente valioso do conteúdo do dever-ser" e tudo isto como se houvesse substratos do ser e substratos do dever-ser "indiferentemente valiosos", *substratos* estes que se igualam como *conteúdos* do *ser* e do *dever-ser*. É evidente que, se são *conteúdos*, não podem ser indiferentes, pois todo o *conteúdo* em movimento, como uma operação metodológica,[103] se dirige *a*, visa *a*, como um *caminho para - metoixomai* (μετ–οιχομαι) -, e marca, portanto, uma direção teleológica que se preenche de *valores*, em escalas pré-opcionais. É patente que se está diante de um plano de realidades intencionais, em que se entretece o jogo entre *fins* e *meios*, em que se questiona, na expressão de *Windelband*, se "os fins sagram os meios", que possam ter "seus limites nas determinações do *valor*", proposição discutível na ótica de Perelman e Olbrechts-Tyteca, já que se o fim *valoriza os meios* pode não *justificá-los*, como lembra agora *Kelsen*.[104]

3. Não se precisa andar muito para desvendar e ver as técnicas de sutilização que conduzem e revestem o espírito humano no seu afã de conciliar todos os impulsos voltados para os bens da vida, como o denota a propagada técnica de consubstanciação de idéias nuclearmente representada pela chamada *monadologia*, as *monadas*, como a *primeira unidade*, desde Pitágoras, como *unidades inteligíveis* em Platão, que habitam no *plúrimo* o seu *mundo das idéias*. As *monadas* se colorem, desde os seus primórdios, de um aroma capitoso, envolvente e se tornaram peças universalmente lúdicas no contextual intercurso do homem pela história e, como integrantes de um unitário e global componente vivencial, ganharam uma extraordinária e sistemática construção metafí-

---
[103] Cf. ALONSO GARCIA, Manoel. *Derecho del trabajo*. Barcelona: José Maria Bosch, 1960, t. I.
[104] Cf. KELSEN, 1986, p. 361, n. 14 e 365, n. 18.

sica nas elaborações de Leibniz, em que a *monada*, *que é uma substância simples, entra nos compostos*, vai do uno mais abstrato ao mais concreto, construção de que não escapou o tangenciante contra-senso de *Herbart*, que as qualifica como *reais metafísicos*[105] A riqueza e, porque não dizer, a ansiedade em abrir caminhos e picadas por onde se tornassem inesgotáveis os veios da extração metafísica acalentadora das monadas chegam até os melhores tempos do Século XX, como em *Wilhelm Sauer*, que elabora distinções obumbrosas, muito ao gosto do pensamento reflexivo germânico, ao escapar por imagens emparelhadas ou contrapostas, segundo as quais:

"*Aspiração-valor* não significa o mesmo que o *valor-mônada*, conquanto objetiva e temporalmente coincidam. A *aspiração-valor* é um fenômeno da vida objetiva dirigida à consecução de valores subjetivos, à satisfação de necessidades, à persecução de interesses. Acresça-se a isto que cada ação vem objetivamente acompanhada de seu fim; mesmo o delinqüente persegue valores (*auch der Verbrecher erstrebt Werte*). *Valores-mônadas* são aquelas aspirações não só objetivamente legitimadas (que existem ante qualquer comunidade, como ante o Estado ou a Igreja), mas compreendem aqueles valores superiores, absolutos e eternos".[106]

Como não poderia deixar de ser, em sua escala refinadora ascendente, em planos hierárquicos que se escalonam, ressalva o jusfilósofo alemão que o *valor-mônada* não se reveste de um contorno fático nem psicossociológico, pois se consubstancia de uma grandeza cognoscitivo-teorética e metafísica.[107]

---

[105] Cf. FERRATER MORA, 1975, v. 1, p. 223, esp. 224-5 e BRUGGER, Walter. *Dicionário de Filosofia*. São Paulo: Herder, 1962, p. 352-3.

[106] Cf. SAUER, Wilhelm. *Gerechtigkeit*. Berlin: Walter de Gruyter, 1959, p. 92, *f.*

[107] "*sondern eine erkentnistheoretische und metaphysiche Grösse*" - SAUER, 1959, p. 92, *f.*

Por assim pairar, e cada vez mais, *Sauer* recebe contundente crítica das áreas realistas do pensamento filosófico, como o faz *Carlos Campos*, que o toma como paradigma entre os expositores e hodiernos adeptos da teoria do *valor*, para assim se expressar:

"Valor é um conceito muito amplo, muito rico de conteúdo, muito compreensivo, e na sua indeterminação e na sua compreensão leva consigo o 'em si', o místico absoluto, mais talvez que os conceitos de 'vontade', 'idéia', 'bem comum', 'dever, dos sistemas clássicos metafísicos'. O supervalor metafísifico já vai em germe desde o início, no elemento monádico inicial, tomado como unidade primordial, 'mônada de valor', 'tendência valorativa', 'tendência para o absoluto' (...) se nos detemos um pouco sobre estas coisas, com os elementos de análise e crítica que já conhecemos, de logo vemos e facilmente, que aquela vestidura neoleibnitzeana das 'mônadas de valor', e dos reinos de cultura, mas e diafanamente encobrem a realidade positiva da vida com os seus interesses essenciais organizando-se e se conciliando na 'harmonia dos valores', isto é, no fato da coexistência, e aí realizando-se segundo um plano afirmador, como 'tendência', em razão de sua origem biopsiquicológica, de interesses vitais, sentido que na psicologia humana corresponde ao *elan vital*".[108]

Sem que perca a sua incrustação no *absoluto*, o seu caráter *monádico*, segundo *Sauer*, são providas as leis e as sentenças judiciais de *imanentes valores jurídicos (innewohnenden Rechtswerte)* que compreendem os superiores

---

[108] CAMPOS, Carlos. *Sociologia e Filosofia do Direito*. 2. ed. Belo Horizonte: Cardal. 1961, p. 374-5, ns. 191-2. Cf. ainda SAUER, Wilhelm. *Filosofia Jurídica y Social*. Barcelona-Buenos Aires: Labor, 1933, p. 45 (idéia de fim, valor, desde KANT); p. 54 (valor como principalíssimo no direito, em FICHTE e KANT); p. 51-2 (sobre axiologia e escolas axiológicas), p. 103 (filosofia dos valores) e, especialmente, p. 114-27 e 288 *et seq.*

mandamentos da justiça e do bem comum.[109] A idéia metafísica desprendida no *bem comum* ganhou especial cidadania na Escola Racionalista do Direito Natural, tema em que singularmente se esmerou *Le Fur*.[110]

4. Não há jamais negar, nem tergiversar, que o *valor*, qualquer que seja o seu revestimento ideológico, abstrato ou concreto, prático ou teórico, real ou ideal, é uma *projeção dirigida* desde o âmago da personalidade humana, que deita suas raízes no instinto de afirmação da vida, que se mescla no inconsciente profundo e que aparece no entramado mundo dos seres como uma técnica de abertura dos anseios, dos desejos, dos interesses, os mais diversos do homem.

Sobre um foco mais ou menos incandescente de excitações, multiplica-se e se diversifica o chamado *valor*, como um inarredável instrumento de adequação técnica de que se serve o homem - ou outro ser - para compatibilizar o seu mundo consigo mesmo e/ou com o mundo que o circunda.

Em versão histórico-metafísica, sob ótica perto de autista, toma-se o conceito ainda de *Zipelius* quando, em tom sub-repticiamente encoberto, diz que

"Valores não são sentimentos, mas conteúdos apreendidos em sentimento de valor".[111]

No plano da ciência das condutas, o valor vem a ser um meio de aferição ou de reação através do qual se forma a susceptibilidade ética ou jurídica como elemento psicológico de ponderação de interesses, tal como o

---

[109] *"den Anforderungen des Juristischen Grundegesetzes der Gerechtigkeit und des Gemeinwohls entsprechen"* - cf. SAUER, 1959, p. 93, *g*.

[110] Cf. LE FUR, Louis. El Fin del Derecho: Bien Común. Justicia, Seguridad. *In*: Le Fur, Louis, Radbruch, Gustav *et al*. *Los Fines del Derecho: Bien Común, Justicia, Seguridad*. México: UNAM, 1975, p. 13-27; o *valor* como imanente no dever ser, desde *Platão, Aristóteles* e *Tomás de Aquino* - cf. KELSEN, 1986, p. 90, n. IV.

[111] *"Werte sind nicht Gefühle, sondern die im Wertgefühl erfassten Inhalte"* - ZIPELIUS, 1969, p. 98, *b*.

entendera *Kant*, quando fala em *valor moral - echt moralischer Wert*.[112] O fenômeno dá-se no entroncamento das vias econômica e ética, do que emerge e se propicia ao ser humano uma via unívoca de expressão, através da qual se revela no *ens*, consubstanciados ambos aqueles elementos - o ético e o econômico -, o sentido de apreensão de uma reação individual de defesa do círculo de interesses de cada personalidade e em cada posição no tráfico da vida.

Não pode passar despercebida a prejudicial metodológica de acesso ao *valor* e isto porque, para avaliar, necessitamos de *critérios* (*Balmes*), quando nos defrontamos com pessoas, com situações complexas ou múltiplas, com entes penumbrosamente abstratos e/ou então lançamos mão de imagens de medidas que denominamos *parâmetros*, como termos de relação, de pontos marcados de precisão, de que se procuram extrair critérios de segurança e de certeza do real que por nós circula ou que nos envolve, como entes efetivamente *objetivos*.

O prof. *Boson*, da Universidade Federal de Minas Gerais, como se parafraseasse *Leibnitz* e figurasse sua imagem a modo do universo *monádico*, cunha a figura central de nosso tema por um prisma conceitual exteriormente palpável:

"O relevante papel desses *objetos* chamados *valores* é devidamente reconhecido nas análises da realidade jurídica".[113]

Sucede que mesmo *parâmetros* e *critérios* são também e obviamente objetos de *avaliação*, são sujeitos de *ponderabilidade - of a common denominator*[114] -, o que

[112] Cf. FERRATER MORA, 1975, v. II, p.867-72 e a extensa bibliografia sobre o tema.

[113] Cf. BOSON, Gerson de Brito Mello. *Filosofia do Direito - Interpretação Antropológica*. Belo Horizonte: Del Rey, 1993, p. 190-1.

[114] Cf. BALLENTINE, James A. *Ballentine's Law Dictionary*. 3. ed. San Francisco: William S. Anderson, 1969, p. 1333, verbete *value*.

conduz o conceito para faixas de relatividade e de arbítrio, de subjetividades ondeantes por sobre uma tênue linha de mal percebida objetividade. Por tais vias, tisnado o impulso da garra humana pelas tenazes do *interesse*, chega-se ao conceito econômico de *ofelimidades* (*Gebrauchswerte*), o *valor de uso*, a *utilidade*, efetiva ou potencial, tal como

"o desejo de uma coisa, freqüentemente em termos de uso próprio ou de troca - *the desirability of a thing, often in terms of its usefulness or exchangeability*.[115]

A permanência, a obstinada presença do *valor* como modo de ser referencial de coisas, de essências, de estados anímicos os mais díspares, vem instigando a reflexão humana na procura de uma força simbólica que o sintetize, variando o seu conceito de acordo com cada época e cada concepção filosófica, seja no pensamento abstrato, seja no pensamento concreto, seja através de escolas ecléticas e conciliadoras que o situam e o definem como um dado absoluto, sintético e imutável, desde sua contextura genética à sua projeção no plano das idéias. Explicam-se as teorias *relativista* ("os atos que agradam e desagradam são o fundamento dos *valores*") e *absolutista* ("o valor é o fundamento de todos os atos"), margeadas ambas por linhas *objetivas* e, por vezes, erigida a segunda, a *absolutista*, em "hipóstases metafísicas da idéia de valioso".[116]

---

[115] Cf. Collins. *Pocket Dictionary of the English Language*. London: Collins, 1989, p. 944, verbete *value*. As incursões pela sistematização do valor, como dado metafísico ou como dado concreto, real, cf. BRUGGER, 1962, p. 536-7 e ainda sua classificação em "valores lógicos, éticos e estéticos" em FERRATER MORA, 1975, V. II, p. 870.

[116] Ferrater Mora, 1975, v. II, p. 869, n. 2. Cf. Coing, Helmut. *Grundzüge der Rechtsphilosophie*. 5. Aufl. Berlin-New York: De Gruyter. 1993, p. 78-80, n. O campo da exploração ideológica comporta toda e qualquer espécie de incursão, que se chega até o paradoxo de se elaborar uma "racionalidade prática", como processo de legitimação de valores, de que vem a dar conta Marchello, Giusepe, *Valori e Tecniche di Avvaloramento*. Torino: G. Giapichelli, 1972, p. 78-80 e 125 *et seq*.

O veemente anseio pelas monadas, e o apelo a elas como que prefiguram no universo da *psikê* uma espécie de anjinhos que, aos milhões e repletos de *valor*, pululam no mundo das coisas e do pensamento.

O valor é, por excelência, o caldo de cultura de projeção metafísica, místico-afetiva de interesses, de aspirações, e mesmo de desditas que assaltam e assoberbam o homem a todo o instante, em seu evolver filogenético e histórico-ontológico, como um momento ideal de superestima do ego afirmador.

Tal a promiscuidade da participação do homem na efervescência pictórica das coisas do mundo, que *Von Jhering*, sintetizando-as, sintoniza-lhes o versátil colorido que elas representam no entrelace das relações juridicamente apreensíveis:

"Utilidade, bem, valor, gozo, interesse (*Utilité, bien, valeur, jouissance, intèrêt*), tal é a sucessão das idéias que desperta o primeiro momento submetido ao nosso estudo. O direito não imprime nessas noções (*le droit n'aplique point a ces notions une mesure exclusivement économique*) uma medida exclusivamente econômica, como o dinheiro ou o valor pecuniário. Há interesses além da fortuna, que devem ser garantidos ao homem. Sob a fortuna situam-se (*se placent*) os bens de natureza moral, cujo valor é de outra forma grande (*autrement grande*): a personalidade, a liberdade, a honra, os laços de família. Sem tais bens (*Sans ces biens là*), as riquezas exteriores e visíveis não teriam nenhum preço".[117]

Acentua, com toda a propriedade, *Boson* que os *valores*, embora ganhem expressão e sede de irradiação e de envolvimento no plano filosófico geral, há por serem considerados em tópico especial diante do fenômeno jurídico, tal a "formação de constelações axiológicas e

---
[117] JHERING, 1947, v. 4, p. 328.

sua decisiva presença na atividade jurídica do homem, uma das suas mais importantes atividades culturais".[118]

5. Talvez ao empunhar *o valor* como uma arma temperada na *concreção* e como sua mais vibrante bandeira ideológica na pregação da luta de classes, talvez por *ele* é que *Karl Marx*, entrado para os compêndios[119] e para a história da filosofia como fundador e arauto de uma escola que universalizou a concepção da dinâmica social calcada em escalas e em estruturas, todas condicionadas pela infra-estrutura das relações de produção e inexoravelmente sobre o fato econômico. Sua repercussão na esfera do Direito foi extraordinária, decisiva e dele jamais se arredou.[120]

Como um dado consistente e autonomamente mensurável, *Marx* apanhou *valor* e imprimiu-lhe uma dinâmica objetivamente teleológica ao enriquecê-lo com outro dado referencial, uma tônica conceitual agregada, a *plusvalia, der Mehrwert,* como algo de algo e que tem um efeito catastroficamente dominante e espoliativo da classe trabalhadora, pois falar em *plusvalia* já significa tomar o valor como *valor-função* em um sistema conceitual em que ele serve às classes chamadas "detentoras do capital" - hoje "produtoras" - como instrumento de dominação.

Partindo da teoria da plusvalia, o marxismo sustenta que o produto do trabalho, produto íntegro, deve pertencer ao trabalhador, pois é o trabalho que modifica a natureza, que a afeiçoa a um bem de vida, que lhe confere uma *utilidade*. A influência das escolas utilitaristas inglesas, como bem lembra *Bertrand Russel*, foi decisiva na elaboração da doutrina *marxista*, na qual se introjetou o *valor* como o tônus direcional de sua concep-

---

[118] Boson, 1993, p. 191.

[119] Cf., p. ex., Russel, Bertrand. *História da Filosofia Ocidental*. São Paulo: Companhia Editora Nacional, 1957, v. 3, p. 349-58.

[120] Cf. Fikentscher, 1977, v. 3, p. 504-61.

ção de toda a realidade socioeconômica e das ideologias que a exprimem.

Anote-se, no quanto de mais límpido, o seu conceito de *plusvalia* como "a diferença entre o valor de uso produzido pela força-trabalho e o que o empresário investe em salário (para a "reprodução da força-trabalho") e em custos dos meios de produção".[121] Ou, nas próprias palavras de *Marx* :
"A produção de um *valor* de uso e mesmo a de uma mercadoria (mesmo procedida por parte de um trabalhador autônomo) não passa de um meio de produção de *absoluta* ou *relativa* mais-valia para o capitalista. Apropriação da mais-valia: um *valor* que é excedente sobre o equivalente do valor adiantado do capitalista - embora inserido através da compra e venda da força-trabalho é um ato de execução dentro do processo de produção e constitui um ato de sua essência".[122]

Em plano conciliador, pelo amálgama do espírito de concreção de que se imbui a idéia de valor, pelo sentido e em parâmetros de *justiça* distributiva que o absorvem, que o conduzem e nele vêm induzidos a partir de aspirações metafísicas e pela *vis atractiva* da economicidade que modernamente envolve todos os mecanismos das relações sociais, delinearam-se e firmaram-se as prevalentes ideologias sobre as quais se assenta o trabalho como um direito.

---

[121] *"Mehrwert ist also die Differenz zwischen dem durch die Arbeitskraft hergestellten Gebrauswert und dem, was der Unternehmer an Lohn (zur "Reproduktion" der Arbeitskraft) und an Kosten der Produktionsmittel hinneinsteckt"* - cf. Fikentscher, 1977, v. III, p. 510.

[122] *"Die Produktion des Gebrauchswerts und selbst die einer Ware (denn diese kann auch seitens unabhängiger produktiver Arbeiter vorgehen) ist hier nur Mittel für die Produktion von absoluten und relativem Meherwert für den Kapitalisten... Die Aneignung von Mehrwert. - einem Wert der überschüssig Wert, ist über das Äquivalent des Kapitalisten vorgeschossenen Werts -, obgleich eingeleitet durch den Kauf und Verkauf des Arbeitskraft, ist innerhalb des Produktionsprozesses selbst sich vollziehender Akt und bildet ein wesentliches Moment desselben"* (*Marx. Kapital.* Bd. II, 19, Kap., 5, Zusammenfassung, 360 (in der Gerfin-Hickelschen Ausgabe) - *Apud* Fikentscher, 1977, p. 510.

6. O Direito do Trabalho tutela o trabalho-atividade, dele propiciando certos bens ao empregado, os de natureza patrimonial, como as prestações remuneratórias e os psicorgânicos, como as limitações ao tempo de trabalho (intervalos para alimentação, para repousos ou diários ou hebdomadários, férias, etc.). O trabalho-resultado não se acha suficientemente juridicizado, na direção do trabalhador, pois os resultados do trabalho pertencem, no trabalho por conta alheia, ao patrão, que deles se utilizará livremente (nos limites das leis fiscais, apenas). As novas etapas da evolução do Direito do Trabalho consistem, exatamente, em irem superando-se os limites da tutela do trabalho como simples atividade, para a juridicização, como participação jurídica do trabalho-resultado. E isto pela edição e estabelecimento de regras de direito que passem para o núcleo de *valoração* para o trabalho-resultado, tutelando o trabalhador também em função deste (o que já atrai o postulado da *plusvalia*), e não só da atividade. Aqui, a natureza superficial do Direito do Trabalho, no que diz respeito à tutela do trabalhador, que se detém no trabalho-atividade e originário de proteção ao trabalho-atividade, volta-se para o trabalho-resultado (por peça, por tarefa, por empreitada), no qual residem, na verdade, o real efeito econômico do trabalho como fruto de uma relação coparticipativa. Pode-se ter por isso o Direito do Trabalho, nessas etapas por que vem real e conceitualmente transitando, como uma arma enganosa em favor dos trabalhadores, mas que, sem abeberar-se na teoria da *plusvalia*, acaba por passar o resultado íntegro da atividade às mãos do empregador, por estarem acalentados sempre os trabalhadores com a ilusão de que, na verdade, são titulares de direitos substanciais em razão do trabalho prestado. Ainda assim, asseveram *Hueck-Niperdey*:

"Trabalho é todo o comportamento humano que é *valorável* economicamente como tal."[123]

Qualquer que seja o sistema econômico adotado - capitalista, socialista, cooperativista, misto etc. -, a volatilidade, a flutuante diversificação das forças (operacionais, supervisores, encarregados, gerentes, assessores, *experts* e diretores em toda a escala hierárquica, até o cume da pirâmide) que, em um sistema organizacional dado, participam da elaboração, do resultado final de um produto como que liquifazem, como que volatilizam os *critérios* da *valoração* do trabalho em relação a cada uma das etapas, ou a cada um dos setores que operacionalizem toda a engrenagem produtivística e a façam chegar ao seu resultado, é claro, economicamente *avaliável* em termos de mercado.[124]

O trabalho como *valor, objeto de avaliação*, é visto em *Adam Smith*[125] a partir de seus elementos mensuráveis.

O trabalho pode ser focado, aqui, como *esforço humano* que tende à produção de um resultado útil e/ou *economicamente avaliável*, pois, em seu *conceito* puramente *físico*, consiste em mudar um estado de movimento ou esforço em oposição a forças que tendem a resistir e esse efeito, cuja fórmula é M2-T2 e cuja unidade é o *erg, joule*, ou *pé (foot) - libra (pound)*.[126] Indo-se mais a fundo, tem-se que unidade de trabalho é, na visão de *Alford*, "uma operação ou parte de operação que não pode praticamente ser subdividida, sob as condições predominantes

---

[123] *"Arbeit ist jedes Verhalten eines Menschen, das wirtschaftlich* zu werten *ist.* Hueck, Alfred u. Niperdey, Hans Carl. *Grundriß des Arbeitsrechts.* Berlin-Frankfurt. Franz Vahlen. 1968, p. 26/7 - grifos, nossos.

[124] Vejam-se os impactos e as ilusões da teoria marxista em Fikentscher, 1977, v. III cit., p. 520-35.

[125] Cf. ANDERSON, E. H., SCHWENNING, G. T. *Organização Científica da Produção.* 3. ed. São Paulo: Atlas. 1959, p. 47 *et seq.* e 56. Sobre o trabalho de *direção* e de *execução* - vide PIMENTA, Joaquim. *Enciclopédia de Cultura.* 2. ed. Rio de Janeiro: Freitas Bastos, 1963, t. I, p. 659.

[126] Cf. REED, John O., GUTHE, Karl E. *College Physics. Apud* ANDERSON, Schwennig, 1959, p. 74.

de realização",[127] o que o conduz para um conceito valorativo unitário, incindível como porção da prestação executada, mas variável em suas frações intrínsecas. Em razão disso, como acentua *Perez Botija*, explica-se "a *valoração* do trabalho como matéria de especial regulação jurídica",[128] ao que melhor poderíamos modular, redargüindo, no painel que vimos desenvolvendo, que a *valoração* do trabalho é o suposto teleológico que o torna objeto de tutela especial.

A universalização do teor econômico em todas as atividades (*homo faber*), em todas as esferas e momentos em que o homem interage, no zelo por sua própria imagem, contaminou a perspectiva vivencial de cada um, desde o sentido lúdico da infância, da juventude (*homo ludens*), até idades que não mais se limitam, mescla-se da valoração do trabalho e a ele se adiciona ou por ele é enriquecida.[129]

O fenômeno evolutivo e crescente, que afeta as próprias bases conceituais da atividade humana, sob o signo de tal universalização, pode encontrar sua central paradigmia no trabalho, como sublinhou com toda a acuidade *Franco Guidotti*, quando acentua que a evolução conceitual do Direito do Trabalho caminhou da *valoração* do trabalho como um bem para a *valoração* do trabalhador em seu contexto vital.[130]

Enquanto assim, gradualmente, se caminhava. Nas marchas e contramarchas da História, alentadas pelas mais diversas formas de defasagem, no tempo e no lugar, entre povos e épocas, assistia-se, ainda, no Brasil, a uma encenação incompatível com os padrões compor-

---

[127] Cf. ALFORD L. P. *Laws of Management Aplied to Manufacturing*. N. York: Ronal Press, 1929, p. 131, em recomposição expositiva desenvolvida por ANDERSON, Schwenning. 1959, p. 83 *et seq.*

[128] PEREZ BOTIJA, *El Derecho del Trabajo*, p. 68, a.

[129] Cf. MANNHEIM, Karl. *Sociologia Sistemática*, p. 154 *et seq.*; ALONSO, 1960, t. II, p. 432-3.

[130] GUIDOTTI, Franco. *La Retribuzione nel Raporto del Lavoro*. Milano: Giuffrè, 1956, p. 7-17.

tamentais de trabalho humano da Europa Ocidental, encenação esta tão fidedignamente retratada por *Magalhães Drumond:*

"Trabalho e escravidão ficaram assim intimamente associados na *psiqué* brasileira. Somente agora, muitos anos depois da Abolição, e quando começam a entrar para a atividade da vida econômica nacional as gerações que não assistiram à noção do trabalho-castigo, do trabalho-labéo, do trabalho-degradação - pela noção de trabalho como necessidade humana a todos os homens imposta, do trabalho aperfeiçoador e redentor. Esta transmutação no conceito brasileiro de trabalho foi de certo a maior, a melhor conseqüência de ordem moral e econômica, embora talvez a mais remota, da 'lei áurea'. Pois bem. Agora ao instituirmos o trabalho obrigatório para reeducação dos vadios, é preciso não lhe emprestarmos o caráter de pena, de castigo, para que a idéia de degradação social, não se associa a ele, de novo, no espírito do povo, e não dê lugar a que aquele conceito de reavida. Não vamos nós, não queremos reeducar os vadios, deseducar os brasileiros em geral. Não vamos nós - como procurarmos reconciliar o vadio com o trabalhador - incompatibilizar este com os trabalhadores".[131]

Tira-se do trabalho a feição de castigo, e se segue por vias difíceis, precárias, na busca de sua gradual *valoração* como um bem de vida economicamente tutelado, mas tendo como centro de atração jurídico-social a pessoa do prestador.

"Em realidade, o que verdadeiramente caracteriza um fenômeno jurídico é sempre o efeito jurídico, o qual traduz, no âmbito da norma, a classe de *valor* ou *interesses* aos quais o direito entende de dar

---

[131] DRUMOND, José Magalhães. Aspectos do Problema Penal Brasileiro. *Revista Forense,* s/d, p. 86-7.

tutela - *realtá, ció che veramente caratterizza un fenome giuridico é sempre l'effetto giuridico, il quale traduce nell'ambito della norma la classe di valor o interessi unani a cui il diritto intende de tutelar"*.[132] Os *valores* sociais concentram-se abundantemente nas áreas da construção jurídica, que visa a fins que *valoram meios*, mas a emanação *valorativa* social vai além e interage no Direito, como lembra *Kelsen*, atiladamente: "não como normas de direito positivo, mas outras normas que podem desembocar em outra geração de direito; normas de moral, de justiça, de valoração social, que se sem designar bem do povo, interesse do Estado, progresso".[133]

7. Como entre os gregos e na aurora da filosofia helênica, ao tempo do orfismo, o *valor* ganhou outras e percussivas dimensões, disseminou-se pelos momentos mais diversos da vida do cotidiano,[134] transitou do espírito à norma, desta ao corpo e imprimiu, nos menores atos de cada um sentido de autenticidade e de originalidade como hoje se vê, nos domínios da técnica, da etiqueta, dos detalhes comportamentais, da roupa de cada um, tudo sob as fortes luzes da *concreção*, da descida daquele *valor universal e imutável, absoluto e apriorístico*, que se despe de sua sacralidade etérea e se agita nas garras variáveis e pulverizadas do contingente.

[132] Falzea, Angelo. *Voci di Teoria Generale del Diritto*. Milano. Giuffrè. 1970,p.12 - grifos, nossos. O valor como um limite entre o direito e o arbítrio: Batiffol, Henri. *Problémes de Philosophie du Droit*.. Paris: LGDJ, 1979, p. 55.

[133] *"(...) ist es nicht eine Erkenntnis des positiven Rechts, sondern anderer Normen, die hier in den Prozess der Rechtserzeugung einmünden können; Normen der Moral, der Gerechtigkeit, soziale Werurteile, die man mit den Schlagworten Volkswohl, Staatsinteresse, Fortschritt usw. Zu bezeichnen pflegt"* - KELSEN, Hans. *Reine Rechtslehre*. Wien: Franz Deuticke, 1983, p. 351.

[134] Cf. JAEGER, Werner. *Paideia*. São Paulo: Livraria Martins Fontes, 1979, p. 193.

No fluxo das relações sociais, interindividuais, espontam as mais sibilinas formas de *valoração*, que se podem qualificar como *valores sociais* de ponderabilidade perceptível, senão sensivelmente flutuantes tais como a *vaidade*;[135] o *gesto*, através do qual a personalidade mais autenticamente se exterioriza e, frontal ou sub-repticiamente, se afirma;[136] a *polidez*, peregrina manifestação da personalidade, no dizer de *Bergson*, como veículo de trânsito entre as forças egocêntricas da necessidade, da utilidade, dos vícios capitais e a compatibilização do *ego-individual* com o *ego-social*, pela qual se trasmuda o homem de mera *parte* em *copartícipe* na jornada comum da coexistência de que não escapa;[137] complexo rico de formas que entremeiam a atividade do homem, o seu *ser concreto* e *operante*, como se revela através das *roupas*, do *vestuário*, que, em seus extremos, distingue o *dandy* do *sublimado*, passando por uma infinita gama de tipos que procuram denotar pela *roupa* a sua especial ou excêntrica índole, o seu anseio de *originalidade*, cujos extremos, numa como *vis atractiva*, podem desbordar-se até para o incontido do *patológico*.[138] Tudo se mescla *do* e *no* valor.

Do que se vê e se consuma que o *valor* é uma força policrômica que preside e dirige todos os nossos atos, as nossas aspirações, os nossos desejos e as nossas fugas como um vértice, como uma tentativa com as quais procuramos um sentido à vida e às coisas da vida, subjetiva e objetivamente.

---

[135] Cf. o "valor social da vaidade" em BATTISTELLI, Luigi. *A Vaidade*. São Paulo: Saraiva, 1945, p. 193 *et seq.*

[136] Cf. WOLF, Charlotte. *Psicologia del Gesto*. Barcelona: Luis Miracle. 1951, p. 19 *et seq.*

[137] Cf. BERGSON, Henri. Da Polidez. *In:* DHOQUOIS, Regine. *A polidez*. Porto Alegre. L&PM. 1993, p. 147-153.

[138] Cf. FLÜGEL, J. C. *A Psicologia das Roupas*. São Paulo: Mestre Jou. 1966, p. 62, 85, esp. 91, 177, 188 e 194.

PAULO ANDRÉ DE FRANÇA CORDOVIL
Juiz do Trabalho - TRT 4ª Região

19. Personalidade jurídica do empregador

A proposta deste rápido ensaio é bem mais singela do que o título sugere. Longe está do nosso propósito articular análise exaustiva do tema *personalidade jurídica*, para o que seria necessário pôr em exame profundos conceitos de Direito Civil, o que redundaria num discurso extenso e entabulado sobre velhas novidades. Nossa finalidade é salientar alguns erros conceituais muito freqüentes nas reclamações trabalhistas, que, às vezes num desatino, contaminam o processo de conhecimento, a ponto de se converterem em vício insanável, ou tumultuarem sensivelmente a execução da sentença.

É prudente ressalvar, todavia, que o bafejo de um espectro bom de instrumentalidade processual poderia inspirar o aplicador do Direito a contornar alguns rigores que, a seguir serão analisados. Esta ressalva será esclarecida *a posteriori*.

Enfim, o que há de tão freqüente e perigoso na reclamação, em referência à personalidade jurídica? Antes de responder, é oportuno sublinhar que problemas como os que serão vistos estão muito mais presentes na Justiça do Trabalho do que em qualquer outra esfera Judicial, em razão de seu espírito (apenas espírito) informal, despojado dos rigores do processo comum.[139]

---

[139] Pondo-se de lado a teoria, a frase, ao invés, talvez se aproxime um pouco mais da realidade atual, pois, como tantos reconhecem, as infiltrações das filigranas do Direito Processual Civil na reclamação trabalhista converteram-

Passemos à resposta. Considere-se o seguinte exemplo fictício: A reclamação é proposta em face de "MARIVALDO ACESSÓRIOS AUTOMOTIVOS, pessoa jurídica de direito privado, empresa estabelecida na Rua Tal, etc." Imaginemos que, em seguida, a resposta do réu venha com a mesma qualificação, acrescentando tão-somente o detalhe "...conforme contrato social anexo...". Concebamos, ainda, que esse "contrato social" seja a declaração de firma individual da empresa "M. F. S. Antunes - ME", acompanhada do respectivo cartão de CGC. Para dar seqüência, inventemos que, na audiência, não é tomada nenhuma providência saneadora, e a reclamação prossegue tendo aquela *coisa* (sem nenhum sentido pejorativo na palavra) como reclamada.

Para iniciar o jogo, cuidemos em esclarecer o que é Marivaldo Acessórios Automotivos, para o processo de conhecimento na Justiça do Trabalho: simplesmente nada, como *nada* também é "M. F. S. Antunes - ME". Espere, leitor. Não abandone o texto por imaginar que nos encontramos em fase de delírio acadêmico, pois a explicação vem em seguida.

Consideremos, primeiramente, que somente uma *pessoa*, física ou jurídica, pode ser titular de direitos e obrigações e, por isso, apenas as *pessoas* podem ser parte no processo, com a ressalva daquelas entidades, em número taxativo, que são titulares de direitos e obrigações, embora sejam tidas como não dotadas de personalidade, como o condomínio, a massa falida e o espólio.

O Direito distingue duas espécies de *pessoas*: 1ª) *pessoas propriamente ditas, físicas individuais ou naturais;* e 2ª) *pessoas jurídicas, morais ou coletivas*. Nessa última espécie, incluem-se as *sociedades* mercantis (Artigo 16 do Código Civil), sobre as quais vamos estabelecer algumas considerações, já que são elas que nos interessam.

---

na em uma verdadeira colcha de retalhos de normas e procedimentos, que variam conforme o entendimento do juiz.

Decorre do Artigo 1.363 do Código Civil que *"celebram sociedade as pessoas que naturalmente se obrigam a combinar seus esforços ou recursos para lograr fins comuns"* (original sem grifos). Da definição legal, Dylson Doria[140] salienta que um dos elementos necessários para a constituição de sociedade mercantil é a *pluralidade de pessoas*. Sociedade comercial não pode ser confundida com *empresa*, que, nos termos da Lei nº 4.137, de 10 de setembro de 1962, é *"toda organização de natureza civil ou mercantil destinada à exploração por pessoa física ou jurídica de qualquer atividade com fins lucrativos"*. Ainda que não dotada de total autoridade jurídica, diante da eterna batalha doutrinal que se trava no âmbito do Direito Comercial sobre o conceito de *empresa*, o legislador de 1962 não teve o constrangimento de defini-la em sentido objetivo. Do alto de sua cátedra, Rubens Requião é categórico em situar a empresa no campo das abstrações, como sendo elemento que surge da ação intencional do empresário em exercitar a atividade econômica, que não pode ser confundida com a pessoa ou com o estabelecimento.[141]

Assim, empresa não é sociedade, pois sociedade é pessoa. Ainda, o empresário pode ser uma pessoa natural ou jurídica.

O comerciante, pessoa física ou jurídica, deve sempre adotar um nome comercial. No caso das sociedades comerciais, é o nome sobre o qual se forma a sua *personalidade jurídica*. Já no caso do comerciante individual, o nome que adota é simplesmente *"aquele utilizado pelo empresário para se identificar enquanto sujeito exercente de uma atividade econômica"*.[142]

---

[140] Dylson Doria, *Curso de Direito Comercial*, 1º Volume, Saraiva, São Paulo, 1996. p. 150.

[141] Rubens Requião, *Curso de Direito Comercial*, 1º Volume, Saraiva, São Paulo, 1993. p. 56.

[142] Fábio Ulhoa Coelho, *Curso de Direito Comercial*, 1º Volume, Saraiva, São Paulo, 1998. p. 169.

Assim, o *nome* do comerciante (no exercício da empresa) nem sempre é o nome da pessoa, que seria a real titular de direitos e obrigações.

Distinguem-se os nomes comerciais em firma e denominação, ou nome de fantasia. Muita confusão há entre *nome de fantasia*, que é nome de pessoa jurídica (sociedade anônima ou por quotas de responsabilidade limitada), e *título do estabelecimento* ou *insígnia*, que é uma designação que o empresário empresta ao local em que desenvolve sua atividade. Esse título é uma partícula do que se chama de "fundo de comércio"; é patrimônio do comerciante, protegido pela Lei de Propriedade Industrial (Artigo 195, VI, da Lei 9.279/96).

Assim, o que muitos intitulam de "nome de fantasia" é na verdade um título de estabelecimento (e há muita gente "honesta" fazendo isso, como diria o querido Professor Adalberto Kaspary), e título de estabelecimento é *coisa*.

Outro detalhe sobre o qual não há tanta confusão, mas convém ser destacado, é que *firma individual* não é *pessoa jurídica*. Em recente trabalho publicado no *Jornal da Faculdade de Direito de São Carlos*, o Prof. Antonio E. Lucena esclarece com a precisão e concisão que lhe são peculiares: "Assim, com base na doutrina antiga (Carvalho de Mendonça, *Tratado de Direito Comercial Brasileiro*, 3ª ed., v. 11/166), e na atual (Waldirio Bugarelli, *Dupla Personalidade Empresarial: um caso de esquizofrenia jurídica*, in RDM nº 79/99), bem como na jurisprudência prevalecente (dentre outras: RT 650/176), é seguro afirmar-se que o comerciante singular é a própria pessoa física do comerciante, e, por isso, todo o seu patrimônio responde pelas obrigações por ele assumidas, pouco importando se a dívida é civil ou comercial, e não é porque ele usa uma firma para exercer o comércio, faz duas declarações para efeitos do imposto sobre a renda, uma pessoa física e outra "jurídica", obtém CGC e mantém seu nome civil para os atos civis, que se investe de dupla personalidade."

De volta ao exemplo, Marivaldo Acessórios Automotivos, juridicamente, revela apenas o título de um estabelecimento ou uma insígnia, uma *coisa*, enfim. Nada significa para o Processo do Trabalho, na fase de conhecimento, porque nele não se discute o direito das coisas.

Por outro lado, apenas ao Direito Comercial interessa o nome "M. F. S. Antunes - ME", que designa a empresa, que não se confunde com a pessoa do empresário.

Desta forma, há um erro estrutural da petição inicial ou da contestação em estabelecer no pólo passivo da reclamação o título Marivaldo Acessórios Automotivos ou a empresa "M.F.S. Antunes - ME", porque nessas epígrafes não se estabelece nenhuma personalidade física ou jurídica. Uma caricatura disso seria promover a ação em face do ônibus escolar, e não do seu dono.

Na linha da adaptação dos conceitos e procedimentos ao Processo do Trabalho, poderia haver quem defendesse a possibilidade de se reconhecer a personalidade do empregador no nome comercial da empresa individual, tendo em conta o conceito que dá o Artigo 2º da CLT, em sua literalidade. No entanto, é inconcebível admitir que a CLT, destinada a estatuir normas que regulam relações individuais ou coletivas de trabalho, pudesse, também, estabelecer novos conceitos para o direito da personalidade, matéria enraizada à teoria geral do Direito. Vale reforçar: somente as pessoas são titulares de direitos e obrigações. E é o Livro I, Título I, do Código Civil Brasileiro que estatui quem são as pessoas.

Sábios desses rápidos esclarecimentos, imaginemos, agora, dentro do exemplo citado, a quantidade de heresia despejada pela defesa que, em nome de *Marivaldo Francisco de Souza Antunes*, oferece "preliminar de ilegitimidade", sustentando que o real empregador é a "pessoa jurídica" M.F.S. *Antunes - ME.*

Eivada de um erro que se posta no mesmo grau, está a sentença que condena, por exemplo, *Marivaldo Acessórios...* a pagar ou a fazer alguma coisa.

Não se pode olvidar, contudo, que há casos no Processo Trabalhista em que a dificuldade é grande em saber o nome do empregador, como no caso de sociedades irregulares, sítios ou fazendas de proprietários conhecidos no máximo pelo apelido.

Nesses casos, a reclamação deve ser proposta em face do "Sr. Proprietário do estabelecimento ou fazenda tal...", cujo nome, até então desconhecido, será saneado na citação ou em audiência.

RICARDO CARVALHO FRAGA

Juiz do Trabalho Presidente da 9ª Junta de Conciliação e Julgamento de Porto Alegre

LUIS ALBERTO DE VARGAS

Juiz do Trabalho Presidente da 1ª Junta de Conciliação e Julgamento de Pelotas. Doutorando em Direito do Trabalho em Barcelona

20. Certas leis - suspensão do contrato

A alternativa de suspensão dos contratos de trabalho, prevista pela Medida Provisória 1.726, poderá gerar inúmeras e complexas controvérsias.

É difícil a harmonização da legislação sobre seguro-desemprego com a "bolsa de qualificação profissional", agora prevista. Medite-se sobre as situações em que ocorra suspensão do contrato, para curso, o qual venha a não ser ministrado ou o seja parcialmente. A própria MP cuida, incipientemente, das enormes conseqüências para a empresa, quanto a multas e salários, então, já em atraso.

A qualidade de segurado da previdência, garantida ao empregado com contrato suspenso, não poderá exceder a doze meses, segundo a Lei 8.213, em artigo reafirmado. Indague-se, então, sobre a possibilidade de cursos para atividades industriais onde exista risco de acidente e surja dano à saúde que exceda a esse prazo.

A partir da mesma MP 1.726, seriam possíveis estágios de estudantes de nível médio, ainda que em escolas sem curso profissionalizante, alterando-se a atual Lei 6.494. Essa grave e perigosa alteração legislativa, talvez, seja a mais relevante, devido a eventuais fraudes. De qualquer modo, todavia, permanecem inalterados os demais requisitos para o estágio, tais como "experiência prática na linha de formação do estagiário".

As questões suscitadas são tantas que vale a lembrança da recente Lei 9.601, que buscou incentivar o trabalho temporário. Essa outra Lei e o Decreto 2.490, que a regulamentou, contêm orientações confusas ou, no mínimo, pouco claras que desencorajam o empregador mais cuidadoso.

O número máximo de trabalhadores temporários por empresa depende de difícil cálculo quanto ao total de empregados. É adotada a média semestral de empregados, o que implica cálculos sujeitos a diversos questionamentos.

A anterior negociação e previsão em convenção ou acordo coletivos deveria buscar o acréscimo no número de empregados. Medite-se que, na Espanha, onde foi adotada essa forma de contratação de modo mais intenso, chegou-se a um dos maiores índices de desemprego na Europa.

Na Argentina, a completa desorganização do mundo do trabalho e sindical, especificamente, acentuou também a ausência de saldos nos fundos sob gestão do governo federal, pelo não-recolhimento de obrigações fiscais e previdenciárias relativas aos trabalhadores temporários.

No Brasil, apesar da propaganda oficial, são poucos os contratos temporários celebrados com base na nova legislação. Apenas o banco de horas, previsto na mesma Lei, tem sido adotado, com outros tantos obstáculos e controvérsias, por vezes, inclusive quanto à constitucionalidade.

Estas recentes providências legislativas do Governo Federal provocam nova e curiosa situação na esfera jurídica, ou seja, os conceitos de "lei" e "propaganda" tornam-se bem tênues.

21. Falência lá, reivindicações aqui

O texto do Ministro Almir Pazzianotto Pinto, "Justiça do Trabalho e Poder Normativo", Revista LTr, agosto deste ano, renova profundo debate. Salienta, ao final, com clara visão, "não faria sentido que a Justiça do Trabalho ficasse reduzida ao exame da abusividade ou não abusividade das greves e impedida de se manifestar sobre as reivindicações formuladas pelos trabalhadores grevistas, a teor do que determinam os artigos 9º e 114 da Constituição e 8º da Lei 7.783, de 1989".

Certamente, por longo período, algum órgão do Estado continuará sendo instado a julgar litígios decorrentes das greves. Estamos bem distantes de um entendimento social sobre a completa não-limitação do direito de greve. Sabe-se, registre-se apenas por curiosidade, que determinado país da América Central tem legislação em que a polícia estatal deveria manter os estabelecimentos fechados em caso de declaração de greve, pelo sindicato, conforme o relato do escritor uruguaio Barbagelatta.

Medite-se, ainda, sobre caso peculiar ocorrido no interior de São Paulo em que eclodiu movimento, não exatamente pelas reivindicações, mas em protesto contra morte de trabalhador em conflito com polícia, no mesmo período. Por óbvio, seria impossível e ilógico dividir inteiramente o exame judicial sobre cada dia da greve. Seria absurdo, por exemplo, que alguns dias de greve fossem considerados ilegais pela Justiça do Trabalho em razão da improcedência das reivindicações, por exemplo, e outros dias de greve fossem aceitos como legais pela Justiça Comum, em razão de descontentamento razoável com a atitude policial, ou o contrário. Seguramente, o Poder Normativo para ser mantido deve ser visto com mais atualidade. A Instrução Normativa nº 4 do Tribunal Superior do Trabalho não mais se justifica, se é que em algum momento histórico teve fundamento aceitável. O mais recente Precedente Normativo 119 do mesmo Tribunal Superior do Trabalho fere o Poder Normativo, além dos melhores princípios de Direito e, talvez, o texto constitucional, artigo 8º, inciso VI, sobre a obrigatoriedade da participação sindical nas negociações coletivas, exatamente o inciso seguinte ao mencionado no Precedente.

Ao mesmo tempo em que a Justiça do Trabalho limita excessivamente o Poder Normativo e diminui a atuação dos Sindicatos, a Justiça Comum tem orientação diversa. Importante e atual Decisão do Tribunal de Justiça do Estado do Rio Grande do Sul manteve Sentença do Juiz de Direito José Antonio Prates Piccoli, apontando a LEGITIMIDADE DO SINDICATO PARA REQUERER FALÊNCIA. Foi decidido que: "Falência. Sentença declaratória. Fundamentos jurídicos e legais que a sustentam. Recurso. Preliminares de nulidade da sentença. Reiteração de preliminares de ilegitimidade ativa e passiva e de inexistência de protesto especial dos títulos judiciais - sentenças em reclamatórias trabalhistas - sobre os quais se assenta o pedido de quebra. Mérito. Manifesto estado de insolvência da empresa cuja falência foi decretada. Tentativas de recuperação. Inviabilidade da reabertura da empresa, inativada que se encontra há praticamente três anos. Substituição processual. Sindicato de trabalhadores. Verdadeiro e real alcance do preceito constitucional. Tem o Sindicato de Trabalhadores legitimidade, como substituto processual, para propor a falência da empresa por créditos trabalhistas reconhecidos e assegurados pela Justiça do Trabalho. Preliminares de ilegitimidade ativa, passiva, de nulidade da sentença, de ausência de protesto especial dos títulos que sustentam o pedido - sentenças proferidas em reclamatórias trabalhistas - rejeitadas. Notório o estado de insolvência - um dos fundamentos do pedido - da Empresa a impor seja decretada sua quebra. Sentença nesse sentido. Desprovimento do recurso da falida. *Agravo de Instrumento nº 598034429 - 2ª Câmara Cível de Férias - Bagé - Cicade Industrial de Carnes S.A., Agravante - Sindicato dos Trabalhadores nas Indústrias de Alimentação de Bagé, Agravado - Massa Falida de Cicade Industrial de Carnes S.A., Agravada - Julg. em 22.07.98 - DJRS 18.09.98* Participaram do julgamento, além do signatário, as Excelentíssimas Senhoras Desembargadoras Rejane Maria Dias de Castro Bins e Mara Larsen Chechi. Porto Alegre, 22 de julho de 1998. Des. Osvaldo Stefanello, Presidente e Relator" (Revista HS Editora, nº 177).

Concluímos, pois, pela necessidade de manutenção da competência da Justiça do Trabalho para exame das inúmeras controvérsias contemporâneas às greves, inclusive, às reivindicações de fundo, através do Poder Normativo, reafirmando a importância social dos sindicatos, assim como faz a Justiça Comum ao aceitar a legitimidade dos mesmos em processos de falência.

22. Fatos e jurisprudência

Reflexões iniciais

1. Jurisprudência e Revisão

O Poder Judiciário como um todo e o Judiciário Trabalhista em particular têm sido alvo de constantes ataques por parte da imprensa, mas nenhum deles é mais eficiente do que a acusação de que os processos *demoram tempo demasiado*. A eficiência decorre de um fato singelo: é verdade!

Ainda que os juízes sejam uns dos menores responsáveis pela morosidade, deve-se reconhecer que o tempo que um processo trabalhista demora é excessivo e, considerada a natureza alimentar dos bens em disputa, inaceitável. Em várias Regiões do País, em média um processo demora um ano na primeira instância, o que, se está muito longe de ser rápido, não se pode entender como demasiadamente longo, porém nos julgamentos de recursos ordinários os prazos ultrapassam muito um ano.

A revisão de uma sentença parte, ou deve partir, de um trabalho já realizado pela primeira instância, que enfrentou o exame da prova, delineou as questões jurídicas em debate, encontrou uma razão de decidir e se posicionou sobre os valores em conflito. O acórdão não é, ou não deveria ser, o refazimento de tal trabalho, mas *exatamente a revisão de alguns pontos de um trabalho jurídico já existente*. Acrescente-se que no segundo grau não há audiências, nem testemunhas, nem perícias, nem despachos interlocutórios. Também não se diga que a decisão de segunda instância é mais "aprofundada" do que a da primeira instância. Muito pelo contrário, processualmente, a sentença de primeiro grau baliza a decisão de segundo grau, no sentido que esta concorda ou discorda da primeira; acresce ou retira itens da sentença recorrida; endossa ou não argumentos jurídicos trazidos pelo juiz de primeira instância ou pelas partes.

O acórdão analisa apenas alguns aspectos da sentença, talvez os mais relevantes, socialmente, ou seja, aqueles que foram objeto do recurso, salvo os recursos de ofício, os quais já são questionados nos debates constitucionais sobre reformas do Poder Judiciário. Esses pontos destacados pelas partes tendem a ser repetidos em todos os recursos. *O trabalho de segunda instância, assim, torna-se muito mais importante quanto à fixação de orientação jurisprudencial* sobre pontos que as partes transformaram, por força da repetição, em matéria de interesse geral do que seria a simples revisão, caso a caso, dos aspectos tornados controvertidos em cada sentença.

Neste trabalho de padronização, os tribunais se alimentam do trabalho pioneiro dos muito mais numerosos juízes de primeira instância, os quais, primeiramente enfrentaram a matéria e, assim, prepararam o caminho para a construção desta síntese jurisprudencial.

Deste modo, urge um debate mais profundo sobre a melhor concepção da natureza do procedimento revisional. Desde logo, assume-se o risco de afirmar que a revisão da sentença não é o refazimento da mesma como se a Turma do Tribunal se transformasse em juiz singular. Antes de tudo, porque essa transmigração é impossível. Por melhor que os registros de ata reproduzam os depoimentos de partes e testemunhas, jamais poderão transmitir a realidade complexa ocorrida na sala de audiência que somente o juiz, *in loco* pode captar.

2. Máquinas e computadores

Mesmo que as audiências fossem gravadas em vídeo e áudio, não seria possível superar, através de tais tecnologias, o distanciamento inevitável da verdade que somente com o contato interpessoal, face a face, se pode atingir. Além disso, a sentença não pode dizer tudo, ou quase diz nada, porque não pode reproduzir fielmente o contexto de onde foi produzida, ou seja, *qual a natureza verdadeira, humana, do conflito e quem são exatamente os personagens que compuseram o drama que desemboca em um processo*. Não fossem esses fatores essenciais para o julgamento de uma lide, melhor seria a substituição de todos os juízes, seja de primeiro ou segundo grau, por computadores de última geração, muito mais rápidos e isentos de "falhas" à luz de algum tecnicismo desumanizador.

Não se pode cometer a injustiça de pensar que exista claramente uma concepção, sobre o papel das diversas instâncias de julgamento, que busque transformar os juízes de primeiro grau em simples carimbadores de decisões padronizadas, uma espécie de *longa manus* dos verdadeiros juízes: os de instância superior. Tampouco, se acredita que exista juiz de segundo em nosso país que ainda esteja emocional e psicologicamente preso às suas antigas funções de primeiro grau, quanto à instrução da prova, diligências procedimentais, bem como aquelas relativas ao exame de cada questão fáctica inclusive de menor conseqüência processual.

Efetivamente, estamos diante de um debate poucas vezes enfrentado com a definição das exatas finalidades e pressupostos filosófico-jurídicos de cada julgamento, valendo como exemplo, quase único, o belo e rico texto da Juíza do Trabalho de Campinas Fany Fajerstein sob o título "A Causa e a Greve: um Problema de Epistemologia Jurídica", publicado *in Democracia e Direito do Trabalho*, Editora LTr, Coordenador Luiz Alberto de Vargas.

Acredita-se que o julgamento de segunda instância não pode importar em "zerar" o trabalho do primeiro grau, mas essencialmente em revisar esse trabalho, apoiando-se nele e, principalmente, *respeitando e construindo o espaço de atuação e decisão próprio de cada instância*. Não se deve transformar o juiz de primeira instância em "cérebro auxiliar" dos tribunais.

Não é razoável esperar-se que juiz de primeiro grau deva "pensar" de acordo como pensaria o juiz de grau mais elevado, o qual, por sua vez, por ocasião do Acórdão, deveria transportar-se mentalmente, no tempo e no espaço, a fim de proferir uma nova sentença, tal como o faria se fosse, em tal época e lugar, o juiz de primeiro grau. Esse "deslocamento espaço-temporal", que não se defende, até porque seria impossível, seria tão mais facilitado quanto mais "fiel" fosse o juiz de primeiro grau aos valores e aos conceitos dos tribunais ou mesmo "incorporasse" o "espírito" do pensamento dominante nos tribunais, o que, de qualquer modo, seria mais fácil se houvesse apenas um.

3. *Revisão e equilíbrio social*

Em uma análise mais geral, percebe-se que se tem multiplicado decisões de segundo grau que anulam todo o processado, com todos os prejuízos irreparáveis que isso representa, simplesmente porque se o juiz de segundo grau estivesse no lugar do juiz *a quo* agiria diferente. *A situação tem se agravado a tal ponto que na Reforma do Poder Judiciário, em um dos Sub-Relatórios,* que antecederam o Relatório do então Deputado Federal Aloysio Nunes Ferreira, de autoria do Deputado Federal José Roberto Batoquio, constou que: "ao reformar decisão o tribunal deve resolver o mérito, mesmo que a decisão recorrida se tenha omitido sobre as alegações das partes ou seja nula, ressalvada a necessidade de produzir-se prova".

Mesmo quanto à prova, certa peculiaridade deve ser considerada. Indeferir uma testemunha da parte não significa necessariamente cerceamento de prova se o conjunto probatório já está fartamente delineado. Seria preciso acreditar que a testemunha traria tamanha contrariedade ao conjunto probatório que abalaria complemetamente a convicção de algum juiz. Tal prova, da extremada relevância da testemunha não ouvida, deve ser robusta e incumbe à parte que alega. Não se pode presumir que a testemunha não ouvida, potencialmente, traria elementos novos e imprescindíveis ao feito, sem qualquer necessidade de prova, admitindo-se com isso que o juiz de primeira instância exorbitou.

Na maioria esmagadora dos casos, quando o processo retorna para nova instrução, ou a parte desiste da oitiva da testemunha, ou seu depoimento se mostra irrelevante. A parte, enfim, conseguiu o que prentendia: procrastinar o feito. Parece bem fácil entender a raiz psicológica de tais anulações: a testemunha que não se ouve, sai das possibilidades cognitivas do juiz de segundo grau! Trata-se de um caso em que o "cérebro auxiliar" age "infielmente", sonegando elementos de convicção ao juiz "deslocante" de segundo grau, quando este for realizar seu trabalho de "revisão/desconstrução" da sentença de primeiro grau.

4. *Tribunais e celeridade*

A reforma de qualquer decisão judicial, mesmo de primeiro grau, produz um certo desequilíbrio social e gera uma incerteza jurídica. Sendo assim, *as razões jurídicas de reforma deveriam ter tal transcendência que suplantassem as da decisão do primeiro grau*, a ponto de justificar o rompimento do equilíbrio produzido pela decisão revisanda. A mencionada incerteza se expressa concretamente na comunidade onde a sentença deverá ser executada. Num contexto em que somente algumas sentenças serão recorridas, fica evidente o desequilíbrio produzido pela reforma. Reformada deveria ser a sentença que não resolvesse razoavelmente a demanda, que aplicasse mal a lei ou contrariasse jurisprudência dominante do Tribunal. Em realidade, *cada vez mais, em todo mundo desenvolvido vem se impondo um novo trabalho aos Tribunais*. Como o julgamento de "todos os casos" é impossível, o julgamento do Tribunal deve ser, cada vez mais, um julgamento exemplar, que busque formar e cristalizar uma orientação jurisprudencial.

Discute-se muito o paradigma da Suprema Corte americana, que se exime de julgar todos os casos, mas que escolhe escrupulosamente que casos elegirá para serem modelares para toda a jurisprudência estadounidense. Na Europa, também, cada vez se discute mais sobre o esgotamento da capacidade operativa dos Tribunais Constitucionais para darem conta de todas as questões de constitucionalidade. A experiência recente da Itália parece indicar que, cada vez mais, a solução é tornar o juiz de instâncias inferiores mais responsável pela decisão, remetendo-se a ele a decisão dentro de determinados parâmetros e reservando-se a decisão pelo Tribunal Constitucional para casos especiais.

Na medida em que avance nestes novos rumos, *melhor o primeiro grau poderia cumprir seu papel e compreender o efetivo papel dos Tribunais*, quanto à formação e cristalização da jurisprudência, inclusive com a edição de súmulas, as quais, certamente, passariam a representar apenas a cristalização de alguma jurisprudência anterior razoavelmente cristalizada, sem trazer surpresas ou incompreesões quando editadas. Medite-se que mesmo os projetos de reforma constitucional dos Deputados Jairo Carneiro e Aloysio Nunes Ferreira, com os quais se têm profundas e inúmeras divergências, inclusive no específico das súmulas vinculantes, no mínimo, cuidavam de que houvesse anterior jurisprudência antes destas.

Nesta visão sobre o exato papel de cada instância tampouco seriam freqüentes as reformas com escassa argumentação contra os fundamentos jurídicos dos primeiros julgamentos. Por exemplo, relativamente aos julgamentos de primeiro grau que decidiam pela inconstitucionalidade da base de cálculo do salário mínimo do adicional de insalubridade, desde o início haveria decisões de segundo grau refutando seus fundamentos. Haveria muitas linhas enriquecento o debate, em todas as instâncias, máxime por se tratar de matéria constitucional. Sendo assim, hoje, quando o próprio STF reconheceu a inconstitucionalidade do cálculo do adicional de insalubridade com base no salário mínimo, já teríamos tido antes uma chance de refletir melhor sobre a matéria e adotar um posicionamento mais enriquecido, a favor ou contra, que representasse um maior avanço doutrinário.

Estas *compreensões são cada vez mais necessárias, inclusive para que se consiga maior celeridade processual*, com redução significativa do tempo de demora no julgamento dos processos. Medite-se que recente Projeto de Lei sobre sumaríssimo, neste momento, já aprovado na Câmara dos Deputados e remetido ao Senado Federal dispõe que nestas lides de valor inferior não se lavrará Acórdão, mas simples Certidão, quando a sentença tiver sido mantida por seus próprios fundamentos

Acredita-se, pois, em uma resposta definitiva da Justiça do Trabalho aos seus detratores. *Na quase totalidade das Regiões, seguramente, quase sempre, teríamos os julgamentos de primeiro grau antes de um ano, e os de segundo grau, antes de meio ano.*

Fone/Fax: (51) 318-6355
e-mail: mig@mig.com.br
www.mig.com.br